愛とロマンあふれる

笑顔の保育を求めて

コマーム子育て研究室
小松君恵

ほんの木

コマームはじめの一歩

このマンガは、1995年に事業をスタートした時に、友人のまんが家の田代しんたろうさんに依頼してつくってもらった、思い出深いはじめてのマンガ（チラシ）です。当時の社名は今の「コマーム」ではなく、木型製造会社の「コマツ」です。その「コマツ」の事業部として「子育てフォーラム」を立ち上げ、産後のケアを行っている「マーマネットワーク」に加盟して「マーマ埼玉南」を屋号としました。

「ベビーシッター」と聞けば、今はすぐに分かっていただけますが、25年前にこの事業を始めた時は「それってアメリカにある学生アルバイトの子守りでしょ？」とか「え〜、家に来て何してくれるの？」などいろいろなハテナが飛び交い、なかなか仕事の内容がわかってもらえませんでした。困り果てて途方にくれているところを、田代しんたろうさんが協力してくれたのです。

奥様は、長年コマームの「ここまるゴン」などのイラストを描いてくださっている田代さなえさんです。私の長男・次男・三男と、田代さんの長女・次女・三女が、それぞれ同学年だったのが知り合うきっかけです。

私が事業をスタートした時に「子育てしているママを応援したい」と熱く語ると「わかったよ、マンガにしてあげるよ」と、好意で書いてくださいました。

生き生きマタニティーライフ／エンジョイ子育てライフ

次のページを見てね

待ちに待ったかわいい赤ちゃん。でも病院を退院して、我が家にもどったとたん、想像していた育児ライフと現実のギャップの大きさに気付くのではないでしょうか。

３時間おきのミルク、おしっこに、うんち。抱っこしても、あやしても、なかなか泣きやんでくれない時もあります。赤ちゃんって、つくづくマニュアル通りにいきません。

でも本当は、子育てって楽しいはずなんです。新しい生命が、一歩一歩、人間に成長していくんですから。大変さばかり感じてしまう育児ですが、ちょっとした「マーマさん」のお手伝いで、楽しい子育てライフを実現していただければ、と思います。

マターナルサポート研修の全課程を修了した子育てのベテランサポーターが「マーマさん」です
落ちこんでちゃダメよ 一日四時間出張して協力しますからね 元気、出そう
マーマ

マーマさんがお引き受けするのはこんなお仕事です
おかぁさまへのお世話
そうじ
洗たく
買い物
食事の準備
話し相手アドバイス
赤ちゃんのお世話
ミルク
オムツ交換
沐浴の補助
家事のお手伝い
マーマさんの仕事は出産前から始まります
上のお子さんのお世話
遊び相手
幼稚園のおむかえ
妊婦の方へのお世話
出産準備とアドバイス

マーマ埼玉南では「マーマさん」と共に「ベビーシッター」もお引き受けしております
行ってらっしゃい
お願いします
大切なお子さまの保育ですのでお宅にうかがって安全を見守りながらお世話いたします
ベビーシッターをご利用いただくことでおかぁさまの生活がぐんと豊かになります
おかぁさまの健康診断とか通院の時
冠婚葬祭
外出（買い物・美容院 会合・映画）
たまにはパパともね
ワーキングマザーの方にも
保育所のおむかえなんか助かるわァ
うちへ来てもらえるんなら助かるわ
私も予約したの
でしょ
同行シッター
似合うかしら?
おかぁさまと一緒に同行して、外出先でお子さまのお世話をいたします
パパ一度たのんでみよう
そうだな外国じゃわりと当たり前だっていうしな
夜間のシッターもOKです
料金割安
ベビーシッターグループ保育
お友達とご一緒にご依頼いただくとお子さまの人数にあわせて複数のシッターがお宅にうかがうシステムです

048-256-1666
<FAX>048-251-0785
マーマ埼玉南
侑コマツ・子育てフォーラム
一度お願いしてみようと思うけどどうしたらいいの？
まずはこちらへお電話を
お電話をいただくとすぐ請負契約書と依頼申込書を郵送いたしますご記入の上ご返送ください
①二通の書類を会社にお送りください
え～と住所は…
②会社より確認のお電話をさしあげます
③料金を銀行に振り込んでいただきます
たのむわね
OK
④会社より「マーマシール」・「ベビーシッターシール」が送られてくれば予約完了です
これでいつでもたのめるわね
⑤電話でお早めに依頼日をお知らせください
この日におねがい…
⑥会社からお客様のご希望をくわしくうかがい、打ち合わせいたします
もう一度確認させていただきますと…
⑦当日「マーマさん」「シッターさん」がうかがいます安心しておまかせください
これとこれを
うかがっております
⑧終了時に「マーマさん」「シッターさん」にシールをお渡しください（一時間一枚）
マーマチケット
⑨「マーマさん」「シッターさん」は報告書を作成、会社に保存いたします
・マーマ産後のお手伝い　・ベビーシッター
・イベント保育企画運営　・グループ保育
全国マーマネットワーク加盟
マーマ埼玉南 侑コマツ・子育てフォーラム
℡(048) 256-1666
川口市栄町1-4-16
マーマ本部（横浜）
社団法人全国ベビーシッター協会正会員
しんたろう

目次

第3章

コマームの日常　131

第4章

「あったらいいな」から生まれた事業　161

第5章

〝ワクワク、ドキドキ〟チーム次世代への期待　195

資料編

はじめに

子どもたちが育っていくための環境の変化に問題意識をもつようになったのは、ちょうど少子化の影響が叫ばれるようになった「平成」の初めごろです。子どもたちが子どもたちらしく遊ぶために必要な4つの間、「時間・空間・仲間・世間」が激減しているのではないかと感じたのです。

私自身が「仕事と子育ての両立」をあきらめた苦い経験があったので、それを解消するには働くママやパパを応援したい、子育てがより楽しくなるように子も親もより心豊かになるようなサポートができないかと考えました。

さらには、子育て支援や保育の仕事を、ライフワークとして生涯続けられるような、多様な働き方が可能な組織をつくれたらいいなと思ったのです。子どもの育ち、働くママやパパの応援、そこで働く保育者たちの笑顔、子どもを通じて、さまざまな人がつながる幸せな社会であってほしい。その時からずっと、そんな思いを継続的に担える組織をつくろうと思っています。

きらきら輝く瞳と紅葉のようなふわふわな手をした、体いっぱいでうれしさや悲しさを私たちに伝えてくれる赤ちゃんが、少し大きくなると「いやだいやだ」「どうしてどうして」と一生懸命に自己主張してくれるようになります。もっと大きくなるとおもちゃの取り合いをしたり、たくさんの物語をつくってくれるようになります。子どもたちは毎日ワクワク、ドキドキしながら失敗を繰り返し、失敗を繰り返しながら成長し続け、常に新しい経験を重ねていきます。一方、そばで見守る大人は、いつ何が起きるか予測がつかないので、毎日のワクワクに加えて、ハラハラ、ドキドキの連続です。

子どもは、時にはモンスターのようになって訳のわからないことでダダをこねることもあります。大人は自分の忍耐の限界を試されたり、今まで経験のないような感情のピンチに直面することもしばしばです。しかし、ピンチと思える経験も、積み重ねれば宝の山となります。子育てには、人生を豊かにしてくれるチャンスがたくさんひそんでいるのです。

ひとりでいるより、みんなと関わるほうがエネルギーを使います。時には子ども同士のぶつかり合いがありますが、思い通りにならないからこそ知恵が湧いてきます。知恵のエネルギーは使えば使うほど、どんどんあふれ出てきます。いろんな世界を体験すればするほど、知恵エネルギーは噴火し続けるのです。

広い世の中には、子どものことが苦手な大人もいます。子どもに対して、いつもにこにこ優しい人ばかりとは限りません。「子どもの声がうるさい！」と不快に感じてしまう大人だっています。いろいろな人がいるから社会や人生は面白いのですが、少子化が進みすぎると、大人目線の効率性や合理性ばかりが最優先され、「子どもの育ちの環境」がどうなっていくのか心配になってしまいます。

子どもは、人と人をつないでくれます。

子どもは、人と地域をつないでくれます。

子どもは、過去と未来をつないでくれます。

子どもが、いろんな世界に出会わせてくれると感じています。

ですから保育に携わる大人がもっともっと増えて、子どもと接するチャンスを増やしてほしいと願うのです。

夫が営む小さな町工場の片隅で、４人の息子を育てながら、主婦仲間と一緒に子育てをサポートする事業を始めてから、もうすぐ25年になります。ようやく事業を開始したころ、女性が、それも子どもがいる主婦たちで仕事を始めたというのがよほど珍しかったのか、新聞で紹介されました。するとその朝から「午前中なら働ける」「午後なら働ける」……

という女性たちからの問い合わせ電話が何本もかかってきました。その多くが保育や幼児教育などの資格をもつ人たちでした。そこで私たちは働きたい女性たちが働ける時間帯に合わせて、仕事のシフトをつくることにしたのです。今では男性スタッフも増え、５００人以上の保育者・子育て支援者が活躍できる組織に成長しています。

起業以来、スタッフの要望に合わせた「多様な働き方」の仕組みをつくってきました。今でいう「働き方改革」を、やむにやまれず、先駆的に挑戦し続けてきたのです。働く人が増えると何かと課題も増えますが、多様な人たちがみんなで力を合わせて、子どもと子育て真っ最中のお父さんやお母さんを応援するためにつくった組織です。保育者が笑顔で働き続けることができるよう、悪戦苦闘をしながら、私たちはこれからも多様な働き方に挑戦していくつもりです。

本書では、私が保育や子育て支援の仕事に関わるようになったいきさつと、保育者が笑顔で働き続けるためにどのような仕組みをつくろうとしているかについて、実例を交えてお話ししていきます。保育や子育て支援の仕事をしている方や、これから働いてみたいと思っている方、この事業に関心のある方に少しでも参考にしていただけたならうれしく思います。

第1章

気業から起業、そして企業へ

✵ 祖母の介護を通じて福祉に興味をもつ

ガキ大将も泣かせる、遊ぶことが大好きなおてんば娘

私は鋳物関連の町工場のひとり娘として育ちました。私の生まれた町は、戦前から日本で有数の鋳物の生産量を誇り、当時は「キューポラのある町」として活況を呈していました。父は金型を製造する町工場を立ち上げ、母と一緒に毎日、真っ黒になって働いていました。平屋の住まいの表玄関は事務所兼製品の仕上げ場、裏玄関は工場でした。

家の周りには野原があり、裏路地があり、馬跳び、ゴム跳び、缶蹴りなど、思いっきり体を動かして外遊びを楽しみました。町工場は子どもたちにとって、危険な環境ではあっても格好の遊び場です。鋳物づくりの過程で出てくる廃棄物は、子どもたちにとって、創造力をかきたてる遊び道具でもありました。

古道具や廃棄物、草や葉っぱを使った「ごっこ遊び」「見立て遊び」に夢中になって、夕方の鐘が鳴るまで遊んでいました。

ある時、近所の子が捨て犬を見つけてきました。どの家でも飼うことを反対され、とうとう子どもたちだけで裏路地秘密基地をつくって飼うことにしました。子犬の空腹を満たすために、親の目をぬすんでは家から残り物やおやつを持ち寄り、ワクワク、ドキドキしながら子どもたちだけで育てたのも懐かしい思い出です。

私は体を動かすのが大好きなおてんば娘で、ガキ大将的な男の子を泣かせてばかりいて母が学校に呼び出されたこともありました。「オトコに生まれたかった」と本気で思ったこともありました。面白そうなことは何でもやってみたい、体を動かすのが大好きなため、楽しい音楽が流れるとすぐ踊りたくなってしまうのは、今も変わりません。

１９６４年の東京オリンピックの時、小学生だった私の周りでは「東京オリンピックごっこ」が流行っていました。女子バレーボールの東洋の魔女や女子体操のチャスラフスカ選手の活躍に感化され、回転レシーブや床運動のマネをしては得意気になっていたことを思い出します。

小学校のすぐ隣に中学校の体育館があり、放課後になると体育館の小さな窓から中学生たちの体操の練習を、友達とのぞくのが楽しみでした。

特に新体操をする女子中学生たちに憧れたものです。

「うわー、すごい！　かっこいい」

「中学生になったら絶対新体操部に入りたい」

と思っていました。

膝靭帯損傷で新体操選手の夢に挫折、受験にも失敗し……

念願かなって、中学生になると体育館をのぞき見した友だちと一緒に新体操部に入り、練習に明け暮れる毎日になりました。１年生の秋の初めての公式戦（新人戦）でレギュラーに選出された時はとてもうれしかったです。２年生の秋からはキャプテンになり、市の大会や県の大会で優勝しました。

当然、進学先は新体操部がある高校、しかも強いチームであることを条件に選びました。入学した高校は新体操が強く、中学時代に戦ったライバル校のキャプテンも入学していて、パチパチとライバル心が燃え上がったことを今でも懐かしく思い出します。私がキャプテン、そのライバルが副キャプテンで県大会、関東大会、インターハイ出場も果たし、高校時代は部活動に没頭しました。

しかし高校３年生の秋、運動会のおんぶ競争の練習中に右膝の靭帯を損傷し、新体操推薦での入学を目指していた大学をあきらめざるをえなくなりました。一方で、子どものころから将来は小学校の先生になりたいと思っていたこともあり、高校3年生の秋も深まってから、急遽、志望先を小学校の教員免許が取得できる大学に変更しました。ギプスで固まった足を引きずって通学はしましたが、受験勉強はほとんど手につかず、見事に受験に失敗し、何度目かの挫折を味わいました。

もう進学なんてどうでもいいと思いながらも将来に不安を抱く19歳の浪人生活でしたが、今思うと自分を見つめなおす貴重な1年だったように思います。

ちょうどそのころ、祖母が体調を崩し入退院を繰り返すことになりました。祖母は仕事で忙しい両親に代わって、いつも私を可愛がり面倒を見てくれました。なので私はかなりのおばあちゃん子でした。予備校に通いながらも受験勉強はうわの空、もっぱら祖母の体調が気がかりな日々を過ごしていました。日々弱っていく祖母に寄り添いながらも、十分な介護もできない無力な自分が悲しくもありました。

その介護経験から、「福祉」という言葉が当時の私には新鮮に響きました。

翌年、福祉学科のある短大に入学し、児童福祉コースを選択しました。養護施設や乳児院、障がい児施設での実習を経験し、そのような施設で働くことは保育所の保母の仕事よりも、やりがいがあるのではないかと思うようになりました。

ある時、卒業後の仕事について親に相談したところ、親から「夜勤のある仕事でなく日中の仕事に就きなさい」と反対され、しかも「公務員がいいよ」と言われたのです。

自営業だった両親は、娘には景気に左右されない安定した仕事を選んでほしかったのでしょう。

✵ よちよち歩きの新米保育者

保育者としての原点である6人の障がい児との出会い

こうして私は、短大を卒業するとすぐ公務員になり、公立保育所の保母として勤め始めました。そこは、初めて一般の保育所に障がいのある子どもたちも入所できるようにした第一号の施設でした。

3歳から6歳の健常児90人とダウン症や小頭症、筋ジストロフィー、自閉症など障がいのある子どもたち6人を同じ保育所で一緒に保育することになりました。

新卒保育者が担任を任される際は、4歳児年中組の担当が多いようです。集団生活が初めての3歳児年少組や、小学校入学前の5歳児年長組より、4歳児年中組が新人保育者にとってはお世話をしやすいからです。しかし、私は夢いっぱい抱えて保育者になった最初の年に、障がいのある子どもたちの担任になりました。

2歳上の先輩と新人保育者の私がその6人の子どもたちのクラス「うさぎ組」の担任になり、ひとりひとりの特性、育ちに合わせて丁寧に子どもたちと関わることになりました。

ここでの子どもたちとの出会いが私の保育者としての原点となりました。90人の健常児の動きに、6人の「うさぎ組」の子どもたちはついていけません。6人の子どもたちには、それぞれの思いがあり集団行動を強いるプログラムでは無理が出てしまうこともしばしば。中には保育所の塀を乗り越えて外に出てしまう子どももいました。

保育所の外でケガでもしたらたいへんです。大汗をかきかき、子どもを探したり追いかけたこともありました。6人の子どもたちのためのうさぎ組専用の部屋もありました。

うさぎ組の6人は、90人の健常児の各クラスに入って活動する時もあれば、その日の状態によって大きな集団保育ではむずかしい場合は、うさぎ組の部屋に戻るようにしていました。

うさぎ組の子どもと他のクラスの子どもがトラブルを起こすと、その日の行事が成り立たなくなってしまうこともあります。困り果てた健常児のクラス担任からは、「うさぎ組の子は、全体行事に無理に参加させないほうがいいのでは？」と言われることもしばしばでした。

私の子どもへの関わりが間違っているのかな？　これでいいのだろうか？　不安でいっぱいな日々でした。

疲れ果てた時にもらった上司からの珠玉の言葉

「うさぎ組」では、専門家を交えてひとりひとりの事例を話し合う「ケース会議」が定期的に行われます。別の分野の専門家の巡回指導もありました。

子どもの発達記録のつけ方や関わり方については、「保育者が困ったと感じることは、子ども自身はもっと困っているから、その時の様子を時系列で丁寧に記録するように」と専門家からご助言をいただいたりしました。

時には、保護者もケース会議に同席して一緒に学ぶこともあります。保護者との連携を深めながら「うさぎ組」の子どもが少しずつ成長していく姿を見守ることもできたと思います。

私はひとりひとりの子どもたちに一生懸命関わって保育しているつもりでした。ところが、空回りしてうまくできないことも多く、次第に疲れ果ててしまっていたのです。

そんな時、巡回担当の上司から「新米保育者として、最初から障がいのある子どもたちの保育の経験ができてよかったね」と言われました。

「障がい児保育をすることで、ひとりひとりの子どもの発達、ゆっくりではあっても個性が溢れる育ちを、見守り見極めることができるようになる。この経験を積んでいければ、あなたはきっといい保育者になると思う。初めから集団という固まりで子どもを捉え動かそうとしては、ひとりひとりの違いが見えにくくなってしまうからね」と、励まされました。「見方を変えなさい。子どもを動かそうと思ったらだめ。その子が何が好きで、どんな行動をしているかをまず見なさい」とも言われました。

また、「うさぎ組」の子どもとその他のクラスの子どもたちを常に別々に保育するより、一緒に遊んで生活を共に過ごすことで、お互いに刺激し合い、補い合うことにも気づかされました。

誰にでも、どんな子どもにも、できないことや苦手なことはあります。身近に「うさぎ組」の子がいることで、他のクラスの子どもたちには自然に思いやりの心も芽生えます。自然に補い合える成長の場は大切だと感じました。

✸ 仕事と子育ての両立に悩む

育休明けの職場復帰は心身障がい児通園施設への異動から

こうして障がい児担当の保育者として、結婚・出産後も忙しくも充実した毎日を過ごしていました。私の嫁ぎ先は、実家と同じ市内で町工場を経営していて、夫はその二代目でした。

実家の父は金型工場経営、義父は木型工場経営と、材料に違いはあるものの同じ鋳物関連の仕事で、ふたり共、腕のいい職人でしたから、親同士のそんな縁があって夫とは知り合いました。おかげさまで3人の男の子に恵まれ、家庭保育室や、実家の母や、知人に預かってもらいながら、仕事と家庭を両立して何とか頑張っていました（30歳を過ぎてからの4人目も男の子に恵まれました）。

27歳の9月に3男を出産した後、翌年の新年度4月には出産前に勤めていた保育所へ復帰するつもりでいましたが、復帰直前に心身障がい児通園施設への異動の打診がありました。一瞬「何で私が？」「新しい職場？」と戸惑いましたが、不安より専門的に障がい児保育を学べるのではないか？　という期待感のほうがまさり、「はい。ありがとうございます。ぜひやらせてください」と即答してしまいました。

本当は、育休明けに新しい職場だなんて不安でいっぱいでしたが、「障がい児保育を頑張ってきたから私が選ばれたのだ」と能天気にとらえて、仕事復帰は心身障がい児通園施設で始まりました。しかし世の中、そんなに甘いものではなかったのです。その後、仕事と子育ての両立がますます大変になっていきました。

幼い息子たちが次々と感染症に

子どもが病気になると預けるところがなくては働けません。育休復帰後、3男はちょうど免疫が切れるころに集団保育に入ったため次々に感染症にかかりました。上の子たちも次から次へと病気にかかってしまったのです。

新しい職場に異動したばかりでまだ仕事にも慣れず、そんな中で有給休暇を連発するのは申し訳なく、実母に頼み込んで3人の子どもたちを順番に見てもらうことになりました。おたふく風邪、水ぼうそう、風疹、手足口病などなど、ひとりがかかると順番にかかる、乳幼児期は感染症のオンパレードです。

子どもにとっても、母親は慣れない職場でピリピリしているし、預け先も落ち着かないし、激しい環境変化に対応するのは大変なことだったと思います。実家の母はいつも快く見てくれましたが、何週間にもわたると、さすがに音をあげ始めました。

夫は自営業で、しかも小さな町工場ですから自分が職人として仕事をしなければ収入が減ります。私が働き続けることへの協力はもちろんしてくれますが、事業主なので特に有給休暇もなく、私と育児を交代するために何日も仕事を休んでの子育ては無理な話でした。

困り果てたあげく、友人にも頼んでみることにしました。あの「うさぎ組」を一緒に担当していた先輩の保育者です。ご自身も仕事と家庭の両立をあきらめて既に仕事を辞めていたので、私の気持ちをわかってくれました。

「子どもは大好きだからいいわよ。キミちゃんは私の分まで仕事を頑張りなさい」と言って快く引き受けてくれたのです。

しかし、お礼のお金を受け取りません。菓子折りを持参しても遠慮されて受け取らない時もありました。保育料金を時給で支払いたいと言ったら、「それなら預からない」と言います。そうすると、私もだんだん気兼ねしてしまい、そうしょっちゅう頼めなくなってしまうのです。

頼めば快く「いいよ」と言ってくれますが、このままでいいのか、これ以上ほかの人に無理をさせるのはどうなんだ、もう限界かもしれない……。これに義父の介護が重なり、長男の嫁としての役目もあり、にっちもさっちもいかなくなったのです。

八方ふさがりで、やむなく退職

子育てと介護が重なり、どうしたら仕事を続けられるのかわからなくなり、周囲にいる働く先輩たちに聞きました。

すると厳しい答えが返ってきました。

「仕事をしたいのであれば子どもはひとりかふたりよ。3人も産むなんて、小松さん、甘いわよ。ムシがいい」

女性が働き続けながら子どもを産むのは、「3人はアウトでムシがいい話なのか？」「なにそれ！」とは思ったものの、やっぱり私は「甘かった」のかもしれません。

女性が仕事と家庭を両立させながら働き続けられる仕組みは、社会には用意されていなかったのです。

働く先輩女性たちにこんな時どうしているのか聞きました。

「そういう時のことを考えて、前から、いろいろな人に頼んでおくのよ。小松さんは事前準備がなってない」と言われました。

「えっ、そうなの？」

「自分だけで何とかするには限界がある。こんな世の中、なんか、おかしい！」

私は地元育ちでこれだけ周囲にいろいろな知り合いがいるけれど、なかなか助っ人を探せないでへこたれそうになっている。こんなに困っている。転勤族で地元に知り合いがいない人たちはどうするのだろう？　自助努力だけではどうにもならない現実を突きつけられた思いでした。働き続けたいと思っていた私は、思うようにいかないのは他人のせい、世の中のせいだと、もんもんと悩んでいました。

そのうち、とうとう実母もギブアップしてしまいました。

「もう仕事を辞めたほうがいい。孫たちもかわいそう。病気続きで体が弱っている時はかわいそうで保育所に預けられないし、今はお母さんであるお前が、自分の家で、自分で育てたほうがいいよ」と。

責任ある仕事も任されるようになり、ようやくやりがいや面白さがわかってきたころでもありました。しかし、公務員は常勤しかありませんから、その時の私には「仕事を辞める」という選択肢しかなかったのです。

保育の仕事に就いて8年目でした。

本当は何とか続けたかったのですが、出産後も女性が働き続けるには厳しい社会なのだと思い知らされました。

「どうして集団保育という制度しかないのだろう？」

「子育てのいろいろな状況に合わせた多様な保育サービスがあれば、働き続けられたのに……」

「育児と介護のダブルケア。このしんどい3、4年の間さえ乗り切れば、たぶん保育の仕事を一生続けられるのに……」

「働き続けたいお母さんたちを支援する仕組みはないのだろうか？」

そんな思いだけを引きずりながら、やむなく退職したのは30歳ちょっと前でした。

✸ 専業主婦にはなったけど

「○○君のママ」でしかない私の存在

それから専業主婦になりました。それまで私は専業主婦を3食昼寝つき、「花の専業主婦」などと思っていましたが、とんでもない間違いであることにすぐ気がつきました。

自分で言うのもおこがましいのですが、それまではバリバリ働き保育者としてそれなりの評価をいただき、人様のお役に立っているという充実感がありました。ところが、仕事を離れたとたん、突然世の中から隔絶されたような気がして「焦燥感のかたまり」になってしまったのです。

子育ては大変だけど楽しい。けれども「○○君のママ」でしかない私の存在。「小松君恵」という存在がなくなってしまい、社会から取り残されてしまったのではないかという焦りの気持ちでいっぱいになりました。

息子たちの幼稚園の送迎バスの待ち時間、ママたちとする他愛のない世間話が苦手、という先入観もあり、うまく溶け込めていないような気もしていました。

「やっぱりもっと積極的に社会とつながっていたい」

「何か仕事がしたい」

ママ友がしている内職なら、家にいながら私にもできそうな気がして、早速やってみることにしました。パイプの芯やキャップを入れるというような単純作業で、1個1銭とか2銭の仕事です。

1日に何千個もできる人もいるのに私にはできない。単純作業の繰り返しはすぐに飽きてしまうのです。家事や育児の合間を縫ってがんばっても1か月5千円ぐらいがやっとでした。

それでもしばらくやり続けてみましたが、やっているうちに、作業の速い人も遅い人もいる、人によって得意な仕事や苦手な仕事もある、時には家庭の急な事情でできなくなってしまうこともあるということに気がつきました。そして、家庭や子育てをしながらの仕事は、個人個人で請け負わないで、まとめて請けてみんなで分業してやれるような仕組みができないかな？　と漠然と思ったのです。

ママ友と30人チームを組み、子連れ内職コーディネーターに

それから何度か失敗を繰り返しながらも、何とか内職を一手に請け負う30人のチームをつくり、私が営業して仕事を請け負う仕組みをつくりました。

まだ赤ちゃんの4男をワゴン車に乗せて工場に営業に行き、大きな段ボール箱に入った内職のそれぞれのパーツを何箱も積んで仕入れてきます。それらを自宅で、ひとりひとりが作業しやすいように工夫しながら個別に仕分けます。それから、内職をやってくれるママ友の希望の分量を聞きながら、適宜適量の仕事量を分配し成果物を回収して、工場に納品するというのが私の仕事でした。そのやり方が私には合っていたようです。メンバーはその仕事内容や仕事量はさまざまで20人の時もあれば、時には40人以上いなければ納期に間に合わない仕事量の時もありました。

「○○さん、納期までにこのくらいできる?」

「うん、わかった」

「それじゃ、これだけお願い!」

納期に合わせて私が段取りし、出来上がったものを私が集めて、きっちり約束の納期ま

でに指定の場所に納めに行くのです。

ママ友たちは、それぞれスキルも条件も異なり、得意、不得意もある。それを調整しました。急な用事でできなくなった人が出るとそれはそれは一大事。大急ぎでピンチヒッターを探し出し何とか納期を守って、依頼企業からの信用をつなげていきました。

口コミで得意先企業も内職したい人たちも増えていき拡大していきました。今思うと、この仕事は私というコーディネーター役が大きな役割を担っていたのかもしれません。

32歳で4男を出産しましたが、お腹が大きい時も出産直後も4男を車の助手席に乗せて車で走り回り、仕事は休みませんでした。納期までにできなかった時、「できなかったのよ」で軽く済まそうとする人もいます。「内職だって仕事よ、責任持ってよ」と思うこともしばしばでしたが、この時の仕事を通して、女性がチームを組んでひとつの仕事を成し遂げる方法を学ぶことができました。

これは保育とはまったく別物ですが、状況や能力に合わせた働き方を工夫してひとつの事業を遂行する仕組みがあれば、女性にとっていい働き方になると確信しました。ママ友をはじめたくさんの女性と一緒に仕事をするのは、ピンチやハラハラする事態が何度もありましたが、やりがいを感じ「○○君のママだけという焦燥感」を、拭い去ることができました。

大手教育出版社の販売代理店を引き受ける

その後、大手教育出版社の教育雑誌の販売代理店の仕事を引き受けることになってしまいました。たまたま自宅前にその出版社の代理店があり、そこの社長が廃業することになったのです。そこで働いていたママ友に「小松さん、やってみない？　私、手伝うから」と誘われ、「はい、やってみま〜す」と軽いノリで即答。

内職の時と同じようにママ友たちとチームを組んで、出版社から送られてくる教育雑誌の仕分けや配送、営業も行いました。

「Aさんは○○町20冊お願いね」

「Bさんは○○町30冊ね」

私はチームのママ友たちにそれぞれが配達できる分だけ教育雑誌を届けます。配達と共に集金もしてもらい、私がそれを回収します。４人の子どもを育てながら、休まず働きました。扱う冊数は増え、とうとう自宅の１階は倉庫化してしまいました。毎月配送される幼児から小学６年までの学習雑誌と科学雑誌そして付録の教材に埋もれながら、４人の息子も育っていきました。

この仕事を通じて、私と同じような思いをしているお母さんたちが大勢いることに気づきました。

「仕事を辞めたら自分を認めてもらえるところがない」、「働きたいけれど、いったん家庭に入ったらなかなか仕事がない」と、多くのお母さんたちが悩んでいたのです。

「親と子の育児サークル」のマネージャーとして再び保育の世界へ

そうこうしているうちに、その出版社が小さい子どもをもつお母さんたちを支援する事業を始めることになりました。

全国各地に「親と子の育児サークル」をつくるというのです。私の経歴を見てマネージャーにならないかと誘いを受けました。私の保育者魂が掻き立てられました。私にとっては、教育雑誌の販売代理店よりも子どもに関わる仕事のほうがワクワクしてやりがいにつながります。

私はその出版社の契約社員となり、育児サークルの拠点づくりのマネージャーとして再び保育に関わるようになりました。募集チラシで集まった女性たちは幼稚園教諭や保母の資格を持っていました。私と同じように、仕事と子育ての両立に悩んで20代で仕事を辞めていた人たちです。

彼女たちはそれでも何か仕事がしたい、子どもがいてもできる仕事はないだろうか、できるならば保育に関わる仕事がしたいと思っていたのです。

彼女たちと個別に相談しながら、彼女たちが住むそれぞれの地域で育児サークルを立ち上げるためのサポートをしていきました。家庭で子育てをしているお母さんとお子さんを応援するこのサークル活動の目的に賛同して、私はマネージャーという仕事に燃えていました。会場を探し、チラシをつくって参加者を募り、何人か集まるとひとつのサークルをつくりあげます。そのサークルをひとつひとつ増やしていったのです。

その出版社は育児サークルをPRするための情報誌への掲載や、新聞への折り込みなど、必要な経費は出してくれましたが、サークルの運営などは私たちにすべて任されました。こうして70か所ぐらいの育児サークルオープンをサポートしました。

企業が営利を目的とするのは当たり前です。したがってマネージャーである私には数字ノルマのようなプレッシャーがあります。とにかくサークル入会人数が集まらないと月刊誌の販売数も低迷するので、マネージャーとしての評価は低くなります。

お母さんや子どもたちに人気のあるサークルには多くの子どもが集まり、保育者の収入は多い。反対に、立地が悪かったり営業センスがないとひとりとかふたりしか集まらず収入が少ない。つまり、「サークル人数×ひとり単価」が保育者の報酬でした。

企業は、まずは何人入会者を獲得したかという売上げ数字を重要視していました。これは経営者になった今では十分理解できますが、その時はそのような売上げ金額最優先のやり方に反発を感じ、やる気スイッチが入りませんでした。

そのうち、本の販売と育児サークルの運営が一緒になっているこの事業を、このまま続けていていいのかと思うようになっていきました。

起業に向けて

自分が納得のいく「子育て応援」をしたい

大手企業の方針に違和感を抱くようになった私は、同じ疑問を抱いているスタッフと何度も話し合いました。

「家庭で、ひとりでがんばって子育てをしているお母さんがちょっとでもリフレッシュでき、子育てってたいへんなこともあるけど、楽しくて人生がより豊かになるなあ～と感じてもらえるような応援をするには、どうすればいいか？」

「そこに携わる保育者たちに、子育て支援の仕事をした報酬を支払える仕組みはできないか？」

「サークル開設準備や運営プログラムを、会社側で提供できないか？」

「お母さんが単なるサービスの受け手ではなく、主体的にサークルに関わっていけるような仕組みにするには？」

「本など物品の販売はせず、安定的で長続きする運営ができないか？」などなど。

こうした話し合いを続けるうちに、次第に夢が膨らんでいきました。

「お母さんたちが集う場は必要であり、きっとそのニーズもある」

「お父さんの子育て参加も促したい」

「これまで培った保育の専門性と子育ての経験を活かした保育、そして保育の仕事と子育てが両立する仕組みをつくりたい」

「ひとりでは無理でも私たち保育者が力を合わせれば、何かできるのではないか」

「きっとできる」

「やってみよう」

私たちの思い描く子育て応援の仕組みとは、「車の運転」にたとえれば、子どもを後部座席に乗せ、親が運転席に乗り、私たち保育者は助手席でサポートをする感じになります。「地域で育つ子どもの姿」とは、隣近所や地域の大人たちも子どもの育ちに何らかの関わりがもてるような、子どもを真ん中にした「街中《まちじゅう》児童館」のような感じになります。

子育てとはいうけれど、子どもを育てているつもりが実は親も子どもに育てられているのです。そしてそれに関わらせてもらう私たち保育者も一緒に育っていけるのです。保育者として乳幼児期だけでなく、学童期以降も接点をもてたらいいなと漠然と思いました。

こうして、子育て応援をする仕組みをつくりたいという思いだけが、どんどんあふれ出していきました。そして、「子育てが楽しくワクワクするような、子育て応援の仕組みをつくろう」という夢を、実現しようと決心したのです。

やっと見つけた女性のための起業家講座に通い始める

私は教育出版社でマネージャーの仕事を続けながら、「起業」を視野に入れて横浜で開催されていた女性起業家フォーラムに参加し始めました。隔週土曜日に約2時間かけて通い続けたのです。この横浜の起業講座を探し当てるのにはとても苦労しました。「女性」「起業」というキーワードで今ならすぐにいろいろな情報が飛び込んでくるのでしょうが、当時は行政や商工団体事務所に電話をし、女性向けの雑誌やイエローページの電話帳など、思いつくがまま手あたり次第に探し、やっとこの講座に応募できたのです。

受講し始めのころは、一緒に参加されている方からも刺激を受けて、ぼんやりと描いていた夢が独り歩きし、あれもやってみたいこれもやってみたいと、夢がどんどん広がっていきました。が、今まで自分のやってきた専門性を活かすというアドバイスを受けたことにより、「子どもとママやパパを応援する仕事」に絞ることができました。

しかし、「あなたは、起業していくら稼ぎたいですか?」という投げかけにはいちばん戸惑ってしまいました。これから会社をつくるというのに、金銭的なことは全く頭になかったのです。

講座を受けている時は、夢が漠然としているので、講師の話についていけず、空回りしてとんでもない妄想を描いては落ち込んでばかり。特に事業計画の数字目標などになるとお手上げ状態です。家に帰れば4人の息子と家事や仕事のことで、てんやわんやでゆっくり考える時間はとれません。しかし、幸い、行き帰りの車中での時間はたっぷりありましたので、あれやこれや「あったらいいな」という思いを紙に落としていくことができました。それは妄想を具体的に「起業」にするための第1歩でした。

夫の会社を社名変更、有限会社コマツへ

起業を考えたのにはもうひとつ、厳しい現実がありました。

当時、川口の鋳物産業は第一次オイルショックを機に衰退の一途を辿っていましたが、追い打ちをかけるようにバブル経済が崩壊し、鋳物用木型を製造する夫の会社「小松木型製作所」も厳しい経営状況にありました。

夫に「これからどうするの?」と尋ねても「……」。もともと寡黙な人がもっと寡黙になりました。

このままでは立ち行かなくなる。4人の子どもたちも成長し、教育費もかさむようになる。何とかしなければ……。

そこで、夫の会社「有限会社小松木型製作所」が木型製造以外の仕事も手掛けられるように、「有限会社コマツ」に社名を変更しました。木型製造以外の仕事として子育て支援

や保育事業が念頭にあったことはもちろんです。

教育出版社を退社したのは、保育者を辞めてから内職コーディネーター、販売代理店を経てちょうど10年目のことでした。

前例がないせいでベビーシッター請負業務が認められず

ところが子育て事業部を新設するための定款変更は、すんなりとはいきませんでした。

定款に追加する事業の「ベビーシッター請負」という言葉が一般化していなかったため、定款変更の届けを出しても受理されません。何度も何度も通いました。当時、高齢者向けの訪問介護が制度化されたばかりでしたので「ホームヘルパーさんが、お年寄りがいる家庭に伺ってお世話する訪問介護という仕事がありますよね。ベビーシッター事業はそれの子ども版のような仕事なのです」と言っても、前例がなく、認められないというのです。

そんな時、テレビで「お母さんたちを在宅で支援する仕組みをつくった会社が横浜にある」というニュースが流れました。出生率が「1・57」となり、少子化対策への認識が広がってきたころでした。

私は早速テレビ局に連絡先を問い合わせ、横浜で事業化されている会社にたどりつきました。お子さんが生まれてからお世話をする保育内容については、私たちが考えていることと大きな違いはありませんでしたが、産前産後の母親のサポートサービスも行っていることを知り、興味を覚えました。

保育は子どもが対象で、産前産後のお母さんをサポートするのは保健師さんや助産師さんの仕事だと思っていました。ところが「子育て支援事業」として産前産後ケアを含むことができることを知ったのです。私にとっては「目から鱗」でした。

ここで産前産後ケアを学ぶことができれば仕事の幅が広がります。また「ネットワーク」に加盟すれば、ベビーシッター開業届や定款の変更、その後の研修についてもアドバイスがもらえるとのことでした。しかしネットワークに加盟するには、加盟金とさらには月会費を支払わなくてはなりません。そのために息子たちの将来の教育費として貯めてきた預金を取り崩すことはできません。

結局、夫の名義で国民金融公庫から融資を受け、加盟金に当てることにしました。主婦である私は、個人の名前では融資はどこからも受けられなかったのです。横浜の起業家講座で学んで作成した事業計画があれば、主婦起業でも資金繰りはなんとかなると安易に考えていましたが、現実は厳しいものでした。国民金融公庫への返済には7年かかりました。

定款変更は「他に同様の事業を行っている会社がある」ということで、「ベビーシッター請負事業」としてやっと受理されました。定款を変更するのには1万円かかりました。

✸ 夫の会社の片隅で事業開始

使えないパソコンとドラッカーの分厚い本でカッコづけ

ちょうど私が40歳の時に、「有限会社コマツ」に子育てフォーラム事業部を開設し、代表取締役の夫のもとで取締役に就任しました。

夫の名義で借金もしてしまったし「なんとしてもやらなくては」という気持ちです。

夫の会社の事務所には机が3つ並んでいましたが、そのひとつが子育てフォーラム事業部です。

その机には電話1台、電源の入れ方もわからない中古のパソコン1台、大学ノート1冊、そして分厚いドラッカーの本と招き猫を飾ってのスタートです。昔のパソコンは大きく存在感は十分ですから、使えなくても置いてあったほうが格好いいだろうと思って、友人の会社で使わなくなった物を無料でいただいてきました。

ドラッカーの本は、知り合いの税理士さんから「経営を勉強するならドラッカーの本ですよ」と紹介され、書店でいちばん高価で分厚い本を買ったのです。その本を読むとすぐに眠くなってしまいますが、これを読めばきっといい経営者になれるのだろうと思ったものでした。

最初にベビーシッター事業、4月には産前産後ケア事業も開始しました。なぜベビーシッターや産前産後ケアから始めたかというと、初期設備投資がいらなかったからです。ネットワーク加盟金を国民金融公庫から借り入れています。実家も夫も自営業で、しかもモノ作りですから、機械や工具類など多大な設備投資は当たり前のことです。しかし景気が良い時はいいのですが、悪くなると資金繰りで厳しい状況になるのを傍で見ていましたので、設備投資をする事業はできるだけ避けたかったのです。

そこで、シンプルスモールスタートで少しずつ事業を広げていきました。この時、私と一緒に始めたのが、角田初枝（現・副社長）です。角田は、出版社での「育児サークル」の運営を一緒にやっていた仲間で、私と同じ思いを持っていました。その他、その当時の育児サークル仲間も立ち上げから参加してくれ、現在もチーフとして重要なポストを担ってくれています。

電話がかかってくると「〇月〇日に誰がどこへ行く」と大学ノートに書いて、お客様のお宅へお伺いします。私はかなりそそっかしく、聞き間違いや書き間違えが多く、コーディネートはもっぱら角田の担当でした。問い合わせは徐々に増えましたが、こんな保育サービスがあって良かったと言われる一方、1時間1500円のベビーシッター料金が高いと言われてしまったり、なかなか事業としては成り立ちませんでした。

お客様のメンバー会員契約が、たった1件でも成立すると、うれしくて大学ノートの問い合わせ欄に花丸を付けてみんなで大喜びしたものです。

問い合わせが増えたといっても、1ページに40人分の問い合わせ先を記載したとして、契約成立の花丸が付くのはせいぜい1、2個でした。当時、成立したお客様は富裕層も多く、表の玄関から入ったら「裏からお入りください」と言われたこともありました。裏玄関といってもうちの玄関よりずっと広いのにはびっくりしました。すべてが新鮮で、どんなこともつらいとは思わず新しい仕事に取り組めるうれしさでいっぱいでした。

「ベンチャー企業」と言われ「貧乏企業」と思った苦い思い出

話は少し戻りますが、女性起業家フォーラムに通って、起業のシナリオ、起業プランをつくっていたころ、埼玉県庁にも何度か電話をしました。創業の1、2年前だったと思います。

どこの部署に電話をかけたらいいかわからず、代表番号にかけました。

「うちは木型屋なんですが、子育てを支援する仕事がしたいんです。会社をつくりたいのですが、埼玉県にそういうサポートをする部署はありますか？」

あちこち探し回ってくれて、最後に産業労働部の経営支援課という部署が受けてくれました。県職員の方がおっしゃるには「埼玉県には現在、女性の起業を応援する専門の部署は特にないんです」

私はがっかりしてしまい「えっ、遅れていますね。横浜では起業したいという女性がたくさんいて、いろいろサポートを受けていますよ」と声を荒げてしまいました。さらに私は「埼玉県は女性起業家支援10周遅れですよ」と、電話口で叫んでしまいました。

すると「それじゃ、一度お話を伺いに行きます」と言ってくださり、開業後、ほどなくして私たちの小さな事務所に足を運んでくれることになりました。

「えっ、県庁の方がわざわざうちに来てくれるの？」

まさかと思いましたが、本当に事務所に来てくれました。それも中年の職員と若い職員の方、ふたりで来てくれたのです。事務所は木型の工場の隣にある隙間風が入るような木造の建物、しかもその日は特別に寒い日でした。暖房器具も整っていなかったので、早めに事務所を温めておこうと石油ストーブをつけておいたのですが、県職員が事務所に着いたところにちょうど灯油が切れて消えてしまいました。

急いで石油ストーブに灯油を入れようとしたら、慌てていたので周りに灯油をまき散らしてしまい、その臭いを消すために窓を開けたので、部屋の中は寒いし臭いし、とにかくバタバタした状態で、じっくり話し合える状況ではありません。県職員はおふたり共背広姿できちんと待っているのに、私たちは慌てふためいてばかり。寒さと緊張でスタートからしどろもどろになってしまいました。

すると、ひとりの県職員が唐突に「これがベンチャーですねえ」と言ったのです。どういう意味で言ったのか定かではありませんが、当時の私たちは「ベンチャーって何？　ベンチャー企業って貧乏企業だってこと？」と、本気で思ったものでした。恥ずかしくも、懐かしいひとこまです。

その時、彼らは私たちの話を熱心に聞こうとしてくれたので、自分たちの体験談をもとに「あったらいいな」の事業発想を熱く語らせていただきました。なぜ、私たちは子育てを応援する会社を立ち上げたいのか、なぜ、今このような保育サービスが埼玉にとって必要なのか、なぜ、これからもっと女性が活躍できる仕組みづくりが必要なのか、など。

このハプニング的な出会いをきっかけに、おふたりはその後もいろいろとアドバイスをくださいました。

事務所は雨で水浸し、白アリ大量発生の劣悪環境

事務所は道路より一段下がったところにあり、少しの雨でも事務所の中が水びたしになってしまっていました。大雨が降ると、事務所に溜まった水をバケツで掻き出すのはしょっちゅうでした。ある時タウン誌の営業マンが「女性が頑張って会社をつくろうとしている」と聞きつけて、取材に来てくれました。

水が出ると事務所は寒く足元はしめっぽいため、私たちはいつも椅子の上で正座をしていました。よく言う〝ばっちゃん座り〟です。すると、その営業マンまで応接のソファに〝ばっちゃん座り〟をしたのです。それがうちの流儀だと思ったのでしょうか？　今でもその時の愉快な光景が忘れられません。

その後、この営業マンは独立開業しましたが、今でも「あったらいいな」の発想から生まれた「子育てイベント」企画を持ち込むと記事を掲載してくれています。

また、事務所の柱から白アリが一斉に飛び立ったことがあります。最初は2、3匹で、「あれっ」と思った途端、それに続いて空を埋め尽くすぐらい、バァーッと飛び立ったのです。何が起こったのかわからず、皆で「わあっ、きれい」と見とれていました。

この時「この事務所はもう限界。建て直そう」という話になり、建替えることになりました。

主婦の起業にマスコミが飛びつき、無料で求人

主婦が子育て支援の仕事を始めたということで、マスコミに数多く取り上げられました。この年は1月に阪神・淡路大震災、3月にはオウムの地下鉄サリン事件があり、連休前まではマスコミはオウム一色となっていました。

新聞各紙に取り上げられたのはゴールデンウイークが終わってすぐのことでした。掲載されると、朝から電話が鳴りやみません。最初はこんなにたくさん仕事がきたらどうしようと思いましたが、ほとんどが仕事の依頼ではなく、仕事がしたいという女性からの問い

合わせでした。

「子どもがまだ小さいので、少しの時間なら働けます」「午前中なら働けます」「私は午後なら大丈夫です」という声がたくさん寄せられました。子育て中の女性、しかも私と同じように、育児のために仕事を辞めざるをえなかった人の多さを実感しました。

１００人以上の応募者の中から私たちと同じ思いをもつ30人の人たちに登録スタッフとして加わってもらいました。思いがけず無料で求人ができたのです。その後、彼女たちの「あったらいいな」には働き方や仕事のヒントがたくさん集まっていました。

✿「あったらいいな」をヒントに

主婦のプロはホントにすごかった

当時ベビーシッターには資格が必要なかったのですが、私たちはお客さまのもとへ保育士の資格をもった人を派遣していました。ベビーシッターは子どものお世話のみで、家事は仕事の範囲ではありません。一方で、産前産後ケアは助産婦の指導をもとに沐浴などのサポートを行うほか、料理、掃除などの家事も仕事でした。

登録スタッフの中には「保育士の資格はもっていないけれど主婦のプロ」という人がおり、保育士の資格をもたない人も活躍できる場を提供することができました。

その結果、幼稚園や保育園で働いた経験のある保育士の資格をもった人たちのグループと、主婦業が得意な人たちのグループができました。主婦の方たちの仕事は段取り良く、料理も美味しく、お母さんたちにたいへん喜ばれました。

そこで家事が得意な人のために、ライフサポート事業を開始しました。

「子どもが病気の時に見てくれませんか?」

「送り迎えだけでもしてくれますか?」

など、お客さまからのさまざまな「あったらいいな」が、ベビーシッターと産前産後ケアの事業の幅を広げていきました。

1年目は給料も払えず、飛び込み営業の日々……

資金ほぼゼロからのスタートでしたので、仕事づくりは本当にたいへんでした。とりわけ事業を開始した年は決まった仕事も少なく、国民金融公庫への返済、ネットワークの会費支払いと、毎月の必要経費の工面に追われました。

事務局の角田たちへの給料も払えず、2年目からようやく少し出せるようになりました。

働く女性がたくさんいる会社に行けば仕事はあるだろうと思い、そういう会社を探しては飛び込み営業をしましたが、なかなかうまくいきません。

ある時、銀行にはたくさんの女性がいるから、きっと仕事と子育てに悩んでいる人がいるだろうと営業に行きました。今振り返ると赤面の至りですが、最初は窓口に行き、頼み込んでようやく庶務の担当者とお話しする機会を得ました。そこで次のように言われました。

「小松さん、女性は数年働いて結婚して家庭に入ってもらえばいいんです。それが幸せでしょ。企業が保育室をつくるなんてうちでは無理です」

そのころは女子社員には寿退社が推奨される時代だったのです。

新しい出会いもありました。ある大手乳製品メーカーとの出会いが、さらにサービスの幅を広げてくれたのです。当時、このメーカーは乳幼児をもつお母さんたちを対象に「はいはい広場」を開催していました。そこで私はメーカーの埼玉営業所に、私たちと連携できないかと相談に行きました。すると、メーカーはいろいろな試供品を提供し、栄養士を無償で派遣してくれて、栄養相談を希望する人への対応までしてくれました。

メーカーは自社製品をＰＲでき、お母さんたちの要望などの情報が得られ、私たちはサービスが提供でき、また情報が得られるということで、お互いに良い関係をつくることができたのです。

先輩女性経営者の活躍に刺激を受けつつ学ぶ

一方、私は経営者としてはまだまだ初心者でした。

起業してすぐに、埼玉県がサポートしていた「サイタマレディース経営者クラブ」と地元の「商工会議所女性会」に入会しました。

まだ売上げもないしスタッフに給料も支払えないのに、です。女性が会社をやっていくというのはどういうことか、それを知る手掛かり、情報が欲しかった。これまでの保育者やお母さんたちとは違うつながりを求めたのです。将来独り立ちして会社をやっていこうという気持ちがその時にあったかどうかわかりません。が、両会共に、年会費が安くてこれなら入会しても続けられそうだと思いました。

「サイタマレディース」では、男性の３倍働いて一人前の経営者になれる、と言わんばかりにバリバリ事業展開されている女性経営者が多く、驚かされました。

メンバーの中には、「会社を立ち上げたころは休みなんか取らないで寝ずに働いたものよ。そうでないと事業はやってられないわよ、小松さん！」、「家庭も仕事もどっちもじゃなくてどちらか選択して女性経営者は一人前になれるのよ」とおっしゃる人もいて、入会した当初は圧倒されっぱなし。

多くの社員を雇用している企業の経営者も多く、「女たちは闘っているんだ」ということを肌で感じました。そんな中で、いつかは彼女たちみたいな経営者になりたいと思いつつ、けれども自分はちょっと違うなとも感じていました。マスコミに掲載される機会が増え露出度が増すと、私たちの子育て支援事業に賛同してくれる声もありましたが、一方で子育てを金儲けにするのかというバッシングや中傷もありました。

営利目的で子育ての仕事をするのは「悪」のように言われても反論できずにいる自分が、もどかしかったものです。しかし起業して10年を過ぎたころに、友人の誘いで埼玉中小企業家同友会に入会し、そこで適切な利益を得ながらも、それを働いている人や社会に還元していく「人を生かす経営」という考え方を知り、大いに力づけられました。

こうして中小企業の社長が学ぶ団体と関わることで、まっとうな経営で地域と共に成長する営利企業としての、あるべき姿が見えてきたような気がします。

お母さんの歯の治療中、子どもの一時保育を引き受ける

業務委託での小さな「ひととき保育ルーム」を任されるようになったのは、歯科医院からの依頼が始まりでした。同医院の院長が、私たちのことを紹介した「主婦が子育て応援の会社を立ち上げる」という見出しの新聞記事を切り抜いて持っていてくれたのです。「歯の治療に来られたお母さんのために、治療が終わるまでお子さんを見てくれませんか」という依頼でした。

周囲の保育者に聞くと「私は歯が痛くても行けなかった。子どもを預かってくれるところがなくて我慢したの。治療時間だけでも見てもらえたら我慢しなかった」と言います。そんなサービスが「あったら絶対いい」と背中を押されました。

打ち合わせに行くと「ここで見てください」と、診察室の隣の小さな部屋を見せられました。2畳ほどのスペースでした。少々不安には思いましたが、30分ほどの診察時間なら大丈夫だろうとスタートしました。

その部屋は歯科医院のスタッフの休憩室だったようです。

歯科医院からの依頼は30分だけの一時保育（ひととき保育）ですが、「喜ばれるのなら」と始めたのです。それにたとえ30分でも当時は定期的な仕事があるのはありがたかったのです。一時保育は今では普通になってきましたが、20年前にはありませんでした。

この歯科医院とは今もお付き合いをさせていただいております。

産婦人科にチラシ。看護師の子どもたちを院内保育

産婦人科クリニックで看護師の子どもたちのための院内保育を受託することになりました。ベビー用品のレンタル会社の社長との出会いがきっかけでした。この会社は産婦人科病院とのお付き合いがあり、待合室には同社のパンフレットが置かれていました。そこで私たちのチラシをパンフレットにはさんで一緒に入れてくれるように、何度かお願いしたのです。

私の粘りに根負けしたのか、社長から「お願いは1回だけだよ」とお許しが出ました。1回が2回になり、2回が3回になり……、そのご縁から、その産婦人科クリニックで「ひととき保育」を依頼されるようになりました。

医院の周年行事で開催されるコンサートに招待されたお母さんやお父さんにゆっくりイ

ベントを楽しんでいただくために、お子さんをお預かりして一時保育をするのです。お子さんたちにとっても「ひととき」の楽しい時間を過ごしてもらいたくて、単なる「託児」ではなく「ひととき保育」という名称にしました。

まず、事前にお子さんたちの情報を集め「お子さまカルテ」を作成し、成育歴や好きな遊び、特に気をつける点、ご家庭からの希望など丁寧にリサーチします。当日は安全で、なおかつ、お子さんが楽しく過ごせるような環境構成になるよう工夫します。

お子さんの年齢や人数を把握し、遊具の配置や玩具の種類や素材にこだわり、適切な「ひととき保育」環境になるよう工夫しました。保育終了後は、私たちがお子さんひとりひとりにどのように対応したか、どんな遊びをしたかなどを保育レポートにまとめて、エピソードなども口頭で添えてご両親に報告しました。

するとお母さんたちが「プロに頼むといいわ。安心ね」とたいへん感動してくださいました。

初めて固定の仕事を正式契約

その後、この産婦人科クリニックから、働いている看護師や事務職のお子さんたちの保育を依頼されました。場所はクリニック近くのマンションの6階の3ＬＤＫの部屋でした。その時に担当したのが、後に医療保育で力を発揮する與語《よご》正子と、その後県内各地において新規保育ルームの立ち上げで活躍する嶌谷千賀子です。

私たちにとって、最初の固定収益になる仕事でした。

基本的には看護師の子どもたちの保育なのですが、ふたり目の妊娠で診察のためにこの産婦人科に来院する時に、上のお子さんをお預かりすることもありました。これは私たちからクリニックへ提案しました。当時は妊婦さんにそのような要望があることがクリニックには伝わっていなかったようでしたが、「部屋も空いているし、やってみたら？」と始めたら、妊婦さんにとても喜ばれました。

当時、與語はフルタイムで働けましたが、嶌谷はまだ子どもが小さくフルタイムは無理でしたので、仕事を他のメンバーとシェアしながら行いました。妊婦さんの子どもの「ひととき保育」は予約制であることと保育時間が短いため、それでも十分行うことができました。看護師や妊婦さんの子どもたちの保育は、共に利用者から喜ばれたので、クリニックを建て替える時に、「ひととき保育」専用の部屋が新病院内に設けられ、そこで保育を任されるようになりました。

こうして同クリニックと正式に法人契約を結ぶことになりました。当時、埼玉県でこのような仕事をする会社はなく、県内で初めてのケースでした。

その後、病院前にあった平屋で庭付きの建物を借りてくださり、妊婦さんの子どもたちの「ひととき保育」専用スペースと、看護師さんや事務員さんの子どもたちの「院内保育」専用スペースが、建物内で区切られ保育できるようになりました。

お母さんたちは退院してからがスタート

別の産婦人科病院で始めた親子のサロンは、「サイタマレディース経営者クラブ」での出会いがきっかけでした。

ある時、産婦人科病院のＭＳ法人（医療系の事業を行うことを目的とする法人。企画運営や食事・清掃など様々なサービスを手がけている）の社長から「小松さんはどういうお仕事をしていらっしゃるの？」と聞かれ、お互いに仕事の内容を紹介し合ったのが最初でした。

その時、私は産後ケアの大切さをお話ししました。

お母さんたちは出産した時は病院で助産師や看護師たちに守られて素敵な時間を過ごし

ますが、退院し自宅に戻ると現実の生活が待っています。里帰り出産などでサポートしてくれる方がそばにいればいいのですが、そのような環境にない方も多く、退院したとたん育児不安に陥るケースが非常に多いのです。生後3か月までは赤ちゃんの首もすわらないので外出もままならず、そのうえ行政のサービスもないので育児に自信をなくしてしまうお母さんもいます。

その後、その社長から「産婦人科はお産で終わりではない、お母さんたちは退院してからがスタート、お産を軸とした産前産後の素敵なストーリーづくりをしていきたい」「病院内にちょっとした空きスペースがあるので、そこでお母さんとお子さんのためのサービス企画ができないか」と相談されました。

私は、「育児サークル」や「赤ちゃんフォーラム」の実践事例を紹介し、お母さんと赤ちゃんのためのサロンがいいのではないかと提案しました。

安全で楽しく過ごせる空間づくりが始まり、遊具や玩具、絵本の選択なども助言させていただけることになりました。運営に当たっては、この病院で5人の出産経験があるたいへん優秀な女性が責任者になり、保育士は特に私が信頼する数人を選び抜いて、万全な体制でスタートしました。育児の悩みが相談でき、お母さん同士の交流もでき、病院内ですから専門的な相談にも対応してもらえるということで、お母さんたちからたいへん喜ばれました。

希望者が多いため、利用できるのは第1子に限らざるを得なくなるほどでした。病院側も専任スタッフを配置するなどサロンの充実に努め、利用したお母さん方のほとんどがまたそこで第2子を出産したというデータもあるそうです。現在では同病院での産後ケアの柱のひとつになり、父親支援など素晴らしい新たな展開を次々に成功させていらっしゃいます。

自治体が子育て支援策を打ち出した

2000年ごろになると、「エンゼルプラン」に続いて「新エンゼルプラン～待機児童ゼロ作戦」など、少子化対策として公的な子育て支援策が打ち出されるようになってきました。子育て支援はそれまでは働いているお母さんだけが対象でしたが、専業主婦のお母さんも実はたいへんなのだというムードが徐々に出てきたころでした。

子育て支援策のひとつとして、親子が一緒に集う広場をつくるという企画が行政から発表されました。すでに私たちが運営していた「子育てフォーラム」「赤ちゃんフォーラム」はこの企画にぴったりです。そこで、これまでの私たちの経験に基づいて、この事業の社会的な意義と必要性、運営に当たっての留意点はもとより、安全面への配慮や遊具や玩具の選定、管理法など、さまざまな提案をしました。特にこの事業は、親子がいつでもどこでも気兼ねなく参加でき、虐待の一次予防になる事業であることを強調したのです。

その結果、私たちが提案した「おやこの遊びひろば」というネーミングでスタートすることになりました。「お友だちがほしい」「お話がしたい」「聞いてほしい」というわかりやすい言葉をちりばめて参加者募集のチラシを作成しました。

また、この事業は、あえて保育士や幼稚園教諭などの有資格者、なおかつ、子育て経験者という条件で担当者を選考し、保育者としての専門性を確保しながらも「ちょっと先輩ママ」としての関わり方を重視し、各現場の運営を担ってもらうことにしました。自治体との年間を通しての契約はこれが初めてで、私たちにとっては大切な基盤になりました。

これまでお母さん方や私たち保育者が「あったらいいな」と思ってつくり上げてきたことをあとから各自治体が事業として行うようになり、思いをきちんと実現していけば、始めは採算がとれなくても時代があとからついてくるものなのだと自信がついて、私たちの事業領域も徐々に広がっていきました。

もっと働ける、もっと働きたいの声に応えて

創業から数年たち、仕事も徐々に増えてくると、スタッフの人数も増え、仕事への取り組みにも違いが見られるようになってきました。スタッフ数が100人を超えると、時にちょっとプロ意識に欠ける言動なのでは？　と感じてしまう人も見受けられ、スタッフの質の向上が課題になってきたのもこのころからです。

また、勤続年数が長くなってくるにつれて、働き方への要望も少しずつ変化してきました。最初は「子どもが小さいから週に1回しか働けない」と言っていた人が、子どもの成長と共に「もっと仕事がしたい」「定期的な収入が欲しい」と言うようになりました。教育費がかかるようになった、夫の会社の業績が悪化して収入が減ったので自分がもっと働かなくてはならなくなったなど、いろいろな要望が増えてきました。

また、一度家庭に入った人は家庭との両立や、仕事内容への不安、自信のなさなどから、始めたばかりのころは、「週に1回ぐらいなら働けるかも」「私なんかに務まるかしら」と、仕事に対し消極的なことを言うことが多いのです。

しかし次第に慣れてどんどん自信がついてくると、「やりがいがある」「もっと働きた

い」「週に3日以上でも働けそう」「ベビーシッターだと不定期だからもっと固定的な仕事がほしい」などと言ってくれるようになります。ずっとその人たちに働いてほしいと思ったなら、定期的な仕事が欠かせません。私たちはさらなる事業展開を目指して、周辺の事業所への営業だけでなく、自治体の子育て支援事業へ参入するための情報収集にも力を入れていきました。

「有限会社コマーム」に社名変更

「有限会社コマーム」に社名変更、代表取締役に

2003年、社名を「有限会社コマツ」から「有限会社コマーム」に変更、子育て支援事業を行う会社とし、私は代表取締役に就任しました。夫は、木型製造だけに特化した新たな「有限会社コマツ」を設立し、新法人の社長に就任することになりました。その理由は、子育て支援事業が順調に伸びて独り立ちできるようになったからなのですが、夫の会社の製造業との連結決算だと赤字になってしまい、公的な仕事に応募しても審査に通らな

いことが多かったことも、木型事業と子育て事業の分社化を後押ししました。

「コマーム」という社名には「こころ　ま～るく　むすぶ」、子どもを真ん中に家庭と地域をつなぐ子育て支援の会社でありたいという思いを込めました。そもそも「こま～む」という名称の生みの親は、私の次男なのです。「こま～む」は彼の高校時代のあだ名だったようです。彼が木型業の「コマツ」から独立して木製玩具の会社を起業する際に、この「こま～む」という社名にすると聞いた時、その「こま～む」の響きにビビッときた私は「こま～む」を、カタカナ表記にするから使わせてほしいと次男に懇願して、使わせてもらえることになりました。

創業時からの仲間のひとりが家庭の事情で辞めたのもこのころです。とても残念でした。起業し、法人化を果たし、ようやく企業となった「コマーム」は、子どもたちを取り巻く環境の変化に対応して子どもたちの未来を豊かなものにするため、新たな一歩を踏み出しました。

悩んだ末に営利法人を選択

「有限会社コマーム」に社名変更した時、世の中には子育て支援事業を営利法人で行うことをあまり歓迎しない雰囲気がまだありました。創業時にも子育てで金儲けするのかとバッシングを受けたこともあります。

1998年12月にNPO法（特定非営利活動促進法）が施行され、私たちと同じような思いで「親と子のひろば」や「訪問型の支援」を事業化しようとしていた子育て支援ネットワークの仲間の多くは、NPO法人を選択しました。

正直私は、子育て支援事業をNPO法人化しようかどうしようか悩み続けていたのです。NPO法人設立の勉強会にも参加し、さまざまな活動現場にも見学に行かせてもらいました。今も大活躍している子育てNPOには、優秀で素晴らしい20年来の友人がたくさんいます。彼女たちから学ばせてもらえることも多く、言葉で言い尽くせないほどの刺激をもらいました。

しかし、迷ったあげく営利法人で挑戦していこうと決めました。

子育て支援事業は女性が活躍できる仕事であり、仕事を通じて女性が輝ける場をつくろうという強い思いで私は起業しました。プロとして継続性の高い事業にしていくためには、働く人たちに社会水準並みの賃金を払い、企業として適正な利益を確保し、利益の一部は社会に還元していくような組織にしなければならない、否、するべきだと強く思っていたのです。

バッシングがあったとしても、やっぱり「コマームがあってよかった」と思ってもらえるような、100年以上続くような企業をつくろうと改めて心に誓いました。

思いを「社長の信条」として明文化

私はドラッカーの著書を通じて、「社会貢献型企業」について学び、それを目指すことがコマームにとって最もふさわしいと考えるようになりました。起業時に最初に買ったドラッカーの本は机の上に飾っておくだけでしたが、その後ドラッカーの考えを学ぶ機会が増え、相変わらず私には読み解くことが難しいことばかりですが、「社会貢献型企業」への提唱は私を勇気づけてくれました。そこで「コマーム」が目指すところを明確にするため、法人化と同時に、「社長の信条」として書き出すことにしました。

「企業利益の最大化」ではなく「社会貢献をしている企業」を目指し、必要に応じて利益を再投資していく企業像を追求したいと考えました。

いつも笑顔を大切に、スタッフやお客さまの幸せづくりに心を注ぎ、多様な働き方ができる組織をつくろう。そして子育て支援に取りくむ企業を増やそう。そのためにも、常に保育・子育て支援者の専門家として、保育・子育て支援者の質を高め現場保育者を育成し、ひいては社会的地位の向上を目指していこうという内容です。またそれをスタッフに浸透させるには事務局の体制の確立が必要と、事務局に常勤スタッフを採用しました。

こうしてまた一歩、企業らしくなっていきました。

いのちを輝かせたい──初めての病棟保育

障がい児保育を担わせていただいた経験もあり、医療保育というジャンルにもとても興味をもつようになりました。専門書を取り寄せたり、医療保育学会に加盟したり、何か所も医療保育従事者が活躍している病院に見学に行ったりもしました。

医療も看護も超えて、重篤な病にかかって明日のいのちさえわからないお子さん、そのお子さんがどんな時でも、「遊ぶ」という営みを通して関わって「いのちを輝かせていく」という事業の偉大さに、私は前のめりになっていきました。

海外のシステムや事例も学びながら、思いを膨らませていきました。

そうして、やっと念願かなって、初めて公立病院の病棟保育業務を受託することができたのです。その病院には小児がんなど重篤な病のお子さんたちが入院していて、その子たちが少しでもありのままに過ごせるようサポートすることが私たちの仕事です。

保育園での経験が医療保育者の現場で活かされる

私たちは経験豊かなベテラン保育士を配して対応しました。産婦人科クリニックでの保育室の立ち上げに尽力した與語正子です。與語はお互い30代のころ、一緒に「子育てサークル」を運営し、踊ったり、歌ったり、パワフルに活動した仲間でもあります。

子どもには最後の最後の時まで、子どもらしく遊ぶ子どもの時間を生きてほしい。できることならばいのちが輝くような笑顔で過ごしてほしい。医療保育者は、寝たきりのお子さんのベッドサイドに寄り添い、絵本の読み聞かせをしたり、歌遊びや指遊びをしたりします。季節の行事を工夫したカリキュラムでの、楽しい「イベント企画」も任されています。

時には医療や看護では担えない子どもの領域において、保育者として子どもの「育ち」について発言を求められることもあります。子どもが子どもらしく生活するためのサポートをしながら、基本的生活習慣においてもその子なりの自立を模索してみたり、ひとりひとりの発達段階に応じた「学び」を大切にし、前向きな気持ちを持ち続けることを促したりもします。

彼女はこれらに丁寧に取り組み、さらに自ら医療保育者としての論文もまとめ上げ、医療保育専門士という資格認定を受けました。病棟保育だけを行ってきた人は病気の子どもがスタンダードになってしまうのですが、彼女には一般の保育園での経験があったので医療保育に活かされたのだと思います。

保育士の社会的地位を向上させたい

私たちはこの医療保育に参入するに当たって、埼玉県経営革新計画「医療保育士派遣事業」承認を取得しました。埼玉県で19番目でした。

私たちが「医療保育士派遣事業」承認を取得したのは、まだ「経営革新計画」という国の中小企業向けの施策が出始めたころ。計画づくりから承認を受けるまでには随分と苦労して何度も何度も担当機関に通い助言を受けながら挑戦しました。（経営革新計画とは中小企業が「新事業活動」に取り組み、「経営の相当程度の向上」を図ることを目的に策定する中期的な経営計画書。計画策定を通して現状の課題や目標が明確になるなどの効果が期待できるほか、国や都道府県に計画が承認されるとさまざまな支援策の対象となる）

その後も定期的にこの「経営革新」に挑戦して、「幼児一体型学童保育事業」承認、「放課後等デイサービス事業」承認、「病児保育シッター派遣事業――ITの利活用」承認へと続き、「あったらいいな」を事業に発展させています。

その目的は、常に経営の質、そして保育の質の向上にチャレンジすることで、コマームで働く保育者にとって誇れる企業になっていきたい、さらには世の中に保育の仕事の重要性をアピールしていきたい、保育士の社会的地位向上に資する活動をしていきたいという思いからです。

最初のころは私が頭を悩ませながら申請書類をつくっているのを、スタッフは「社長がまた何かめんどくさいことをやろうとしている？」というような感じで傍観していました。しかし、徐々にスタッフのほうから「〇〇に応募したい」「こういう承認なら、うちはすでにやっています」などと、アンテナを張ってくれるようになったのはうれしい限りです。

10周年記念に親子でオペラを楽しむ

10周年を記念して、川口・リリアの広い展示ホールを借りて、「初めてのオペラ」というタイトルで、親子でオペラを楽しむ会を開催しました。いつもコマームをご利用いただき育ててくださってありがとうという感謝の気持ちと、お子さんたちにぜひ生の芸術を目の前で体感してほしい、お父さんお母さんにはいつも子育てご苦労さまという思いで企画しました。子どもたちとお父さんお母さんたちにはふわふわの絨毯を敷き詰めたフロアに一緒に座っていただきました。フロアの一部に季節の鉢植えを飾ってステージに見立て、高い舞台ではなくお子さんの目線の高さで、オペラを上演しました。演じてくださったのは、プロのオペラ歌手たちです。

私たちの仕事の原点は子育てをより楽しくより豊かにという願いを込めた「子育てフォーラム」事業でしたから、10周年を迎えてのその集大成という思いで企画しました。お子さんたちが泣いたり騒いだりしてしてもいい会なので、舞台のオペラ歌手と一緒になって、お子さんたちも大はしゃぎで盛り上がりました。本物のオペラをお子さんと一緒に楽しむことができたと、保護者にも大好評でした。

招待したお客さまにはとても喜ばれて大成功の会でしたが、スタッフは設営や受付、接客などの対応でくたびれ果ててしまったようです。10周年という感謝の集いにおいて、その主役であるスタッフたちへの労いにはならず、大きな課題を残す結果となりました。10

周年をなんとしても成功させなくてはという思いばかりが空回りし心にゆとりがなく、スタッフへの感謝の気持ちを表すことまで気が回らなかったというのが正直なところです。スコマームを支えてくれる人たちへの気遣いが不足しているなんて、社長としては失格です。

その反省から20周年企画は、彩の国芸術劇場のホールを借り上げ、運営や裏方は専門業者に委託し、スタッフとその家族も招待し、お客さまたちと一緒にゆっくり鑑賞できる観劇会にしました。30周年はさらにバージョンアップしたいと思っています。

初めての指定管理者受託——児童館の管理運営を任される

2003年9月に地方自治法の一部改正により、指定管理者制度が導入されました。公的な施設の管理を、自治体が指定する民間事業者を含む団体に移行するというものです。これまでは官が当たり前にやっていたことを民が請け負うことができるようになったのです。

児童館にもその制度が導入され、私たちも参入することになりました。私たちはこれまで「子育て支援事業」を企画運営して、いろいろな人が働けるシステムや、ソフトの部分を組み立ててきました。それが今度は「自治体が建てたハコごと、管理・運営を行う」という事業への挑戦です。

指定管理者になるには、自治体の募集要項に沿った事業計画を作成し、求められるたくさんの書類を提出し、最終プレゼンを行い、第三者委員の厳しい審査を経て選定されなければなりません。これまでの子育て支援事業の経験と実績、そして私たちが目指す児童館運営「地域まるごと児童館構想」をアピールし、初めて市立の児童センターの指定管理者として、管理運営を任されました。

実はその前年、別の児童館に応募して見事に落ちていました。

企業としての公の仕事を担う上での公共性や、経営理念や業歴、運営実績、各種マニュアル、安全対策等をどのように考えているかなど、いろいろな問いかけがありました。

当時はまだ売上規模も小さく、赤字すれすれの経営状態でしたので、行政の仕事は受託しにくかったのです。

新しいことに挑戦すると、その時点での課題が見えてきます。課題をひとつひとつクリアして、やっと受託へとつなげることができたのです。

私たちにとっては大きなステップアップでした。その後、埼玉県内各市の児童館や子育て支援施設、放課後児童クラブ施設などの指定管理も受託するようになりました。

✷ 社会貢献型企業を目指す株式会社へ

株式会社コマームへ組織変更

潤沢な資金がなかったので、特定人材派遣事業や一般労働者派遣事業、有料職業紹介事業の許可を受けるまでにはとても時間がかかりました。許可を受けてからは、保育所等への保育者派遣など、各事業も徐々に事業化していきました。

そして有限会社から株式会社へ組織変更したのです。これからさらに事業拡大するには、人材確保のための基盤づくりに今まで以上に取り組んでいかなくてはと考えていました。しかし、人材育成はとても重要であり、長い月日が必要です。

創業時からのパートナーである角田初枝が取締役に就任してくれ、専門家集団として人材育成への取り組みを強化していきました。

「コマーム」が名実共に企業らしくなってきたのはこのころからだったと思います。

4人の息子たちをモデルに「ここまる音頭」誕生

この年、私の4人の息子をモデルにしたマスコット「ここまるごん」が誕生。「ここまる音頭」を制作しました。「ここまる音頭」の詩は、伊豆・修善寺に出かけた時、電車に揺られながら10分ほどで書き上げたものです。息子たちがけんかをしながらも楽しく元気に遊ぶ姿が言葉になって一気に湧き出したのです。ということで、作詞は朝比奈君恵、朝比奈は私の旧姓です。歌は、とてもご縁が深い日本クラウンの歌手の深谷次郎さんにお願いし、作曲も深谷さんの知り合いの作曲家に依頼しました。

「ここまるごん」のイメージは「おばけのバーバパパ」。息子たちが夜寝る時、いつも読み聞かせをしていた絵本です。

登場するお化けの兄弟はみんな個性的で、私も息子たちも大好きでした。「ここまるごん」はママ友でイラストレーターの田代早苗さんが描いてくれました。彼女は4人の息子たちをよく知っていて、快く引き受けてくれました。ここまるごんの長男はAB型でワイルドな行動派、次男はB型でひょうきんなお調子もの、3男はA型でシャイなやさしいロマンティスト、4男はO型で自由きままな甘えん坊。新年会や社内イベントでは「ここまる音頭」に合わせてみんなで輪になって踊り、大いに盛り上がります。

♫ここまる音頭

まんまる　ま〜るく　わっわっわっ
はちゃめちゃ　きょうだい　はっはっはっ
おもちゃを　取ったり　とられたり
メソメソ　ないても　しらんぷり？
こころ　ま〜るく　むすんで　なかなおり
まんまる　ま〜るく　わっわっわっ
みんなで　ま〜るく　わっわっわっ

ころんで　ころんで　おっとっと
いたずら　きょうだい　いっいっい
じゅんばん　待っても　よこはいり

プリプリ　おこっても　しらんぷり？
こころ　ま〜るく　むすんで　なかなおり
まんまる　ま〜るく　わっわっわっ
みんなで　ま〜るく　わっわっわっ

ゆ〜めは　お〜きく　やぁやぁや
わんぱく　きょうだい　はっはっは
どろんこ　まっくろ　どろだらけ
ケラケラ　わらって　しらんぷり？
こころ　ま〜るく　むすんで　なかなおり
まんまる　ま〜るく　わっわっわっ
みんなで　ま〜るく　わっわっわっ

ラ〜ランラ　ラ〜ラ〜
ラ〜ラ〜ラ〜　ランランラン

ラ〜ランラ　ラ〜ラ〜
ラ〜ラ〜ラ〜　ランランラン

（歌詞は、英語・韓国語もあり）JASRAC出1902598-901

なお、このCD売上げの1％は「4つ葉プロジェクト」に寄付することにしました。「4つ葉プロジェクト」とは「社会全体で子どもの育ちを支え、子育て家庭を応援していこう。みんなで子育てする社会を目指そう。社会保障制度の年金・介護・医療に子育てを加えて4つ葉にしよう」を合言葉に、制度や仕組みを見直していこうという市民ネットワークです。子育て支援の活動をしていましたが若くして乳がんでこの世を去ってしまった杉山千佳さんや、現在も子育ての各分野で活躍中のアミーゴの松田妙子さん、読売新聞の榊原智子さん、遊育の山田麗子さん、日本保育協会の今井豊彦さん、にっぽん子育て応援団の當間紀子さんなどが活動メンバーで、私もそのひとりです。

新しい事業所内保育ならではの価値を発見

さらに「4つ葉プロジェクト」との活動で出会った生活協同組合との提携で、事業所内保育が始まったのもこの頃です。

初めて先方から「女性ドライバーさんも増やしたいので、新設の配送センターの一角に託児所をつくりたい」と相談された時は、すでに配送センターの図面が出来上がっていました。ところがあとから、保育に適した環境を提案するにはいろいろと困難なことが持ち上がりました。なにせ、当初は保育室をつくる予定がなかったそうなのです。

初めて打ち合わせに伺った時、「この会議室で託児はどうでしょうか」と言われて驚きました。会議室予定の図面ですから、もちろん子ども用のトイレも手洗い場も調乳コーナーなどもありません。

そこで、現状を踏まえたうえで保育施設基準を示しながら、できる限り子どもの保育に適した環境構成や安全対策を話し合い、何度も会議を重ねて進めることになりました。

ここに託される小さな子どもたちの兄や姉である幼稚園に通う子どもたちも、春休みや夏休みの期間中には一時的に保育できるように配慮をしながら、今も工夫を積み重ねています。

事業所内保育は病院からの委託ですでに実績を積んでいましたが、この新しい事業所内保育ならではの価値を見つけることができました。

子どもたちの面白い遊び発見、依頼先の職員との相乗効果など、この事業を通しての新しい価値を見出すことで、またやりがいが増してさらなる展開につながっていきます。

子どもたちが「コープごっこ」を始めました。


「今日の注文は○○です」

「よろしくお願いします」

「配達に行ってきま〜す」

「ただいま〜」「お疲れさま」「お帰りなさい」……など。


働いている職員たちの言葉を真似ている「○○ごっこ遊び」です。

自分の親や他の大人たちの働く姿を、身近に感じながら生活する事業所内保育空間には、通常の保育空間では子どもたちが体験できない魅力が潜んでいるんだな、と感じました。

依頼先の職員からこんな話も聞きました。

新入社員にあいさつをきちんとするように言ってもなかなか習慣化しなかったのですが、朝は「おはよう」、帰りは「さようなら」、お散歩に行く時は「行ってきます」、帰って来る時は「ただいま」、と子どもたちがその都度あいさつしているので、新入社員たちもそれに応えます。そのうち職場内でも自然体であいさつするようになったとのことでした。

生活協同組合での経験から、事業所内保育所のメリットを多くの企業にも伝えたいと考えて、まず「企業内保育の価値」というDVDを作成しました。目的は2つあって、ひとつはその企業を好きになってもらい「ファン的働き手」を増やすため、もうひとつは未来を担う子どもたちのために「社会貢献的な意義ある事業」として連携しようというメッセージを伝えるためです。

企業からは事業所内保育所の開設相談は受けるのですが、それが収益に結びつきません。あとから考えると、企業から相談されると、「ああしたらいい」「こうしたらいい」と私が全部ノウハウをしゃべってしまっていたことが原因だったようです。

最近では、建物を建てる時だけでなく運営費も国から出るようになったので、異業種新規参入が加速して広がっていますが、そんな制度もないころに始めたので、新規事業はほとんど広がっていきませんでした。

いつものことですが、早すぎると同業他社は少ないものの苦労が多いのです。運営費の公費投入はほとんどなく、施設整備費が若干投入されるくらいだったので、先駆的に出費覚悟で一緒に企業内保育をやってみようと賛同してくださる企業はわずかでした。

しかし、この時ご縁をいただいた心ある企業さんたちのおかげで私たちも育てられ、その後の事業拡大へつながっていったと感じています。

保育士受験対策講座の開設、そして撤退

保育士不足を見越して、保育士資格の受験対策講座を始めたこともありました。

専門家の指導のもと、社会福祉・児童福祉・発達心理学・精神保健・小児保健・小児栄養・保育原理・教育原理・養護原理・保育実習理論など「シラバス」を作成し講座を組み立てたり、過去問題集で受験対策をしたり、担当スタッフみんなが真剣になって取り組んでくれました。

保育現場で働いている保育士や栄養士が講師に挑戦したことで、彼女たちのレベルアップにもつながったと思います。

講義会場はコマームの3階にして会場費を節約し、やっとの思いで運営が軌道に乗りかかったのですが、連携していたインターネット会社が赤字で保育講座から撤退してしまい、私たちも収益が上がる前に残念ながら撤退することになってしまいました。

入札金額だけで評価される低価格競争はこりごり

「放課後子ども教室」の委託事業を受託したことがありました。この事業は、学童期すべての子どもを対象に、地域の方々の参画を得て、学習やさまざまな体験・交流活動などの機会を提供する取り組みです。私たちは「ここまるひろば」というネーミングで活動を始めました。

　地域の方々が、趣旨に賛同してくださったお陰で多くの企画を実践することができました。企画は大好評でした、いちばん多い時には10校での活動になりました。しかし数年後の入札（価格競争）で落札できず、「放課後子ども教室」事業の委託はなくなりました。子どもたちはもちろん関係者にも大好評だっただけに、とてもがっかりしてしまいました。当時の担当マネージャーも目を真っ赤にし、がんばってこの事業を担っていたチームのスタッフたちの目にも涙。事務局の他の担当スタッフももらい泣きしてしまい、この日は涙・涙・涙の事務局になってしまいました。

　この時、入札金額だけで評価される低価格競争はもうこりごりだと、みんなが同じように思いました。物の入札のように大量生産したり、流通などを工夫してコストダウンが図れる事業ならば企業努力で低価格競争に参入する意味はあるのでしょうが、専門性の高い人材確保が重要な私たちの業種では、ほとんどが人件費に充てられるので低価格競争にはそぐわないと思ったのです。

しかし、せっかくいい地域チームがあるのに、委託事業が取れなかったといつまでもへこんでばかりはいられません。「ここまるひろば」という活動だけは自力で何とか続けよう、どこかに活動できる拠点はないだろうかと知恵を出し合いました。そして、担当マネージャーや担当スタッフと共にこの「ここまるひろば」を、放課後児童クラブ（学童保育）事業の中で開始することにし、現在は新たな希望と使命感を持って活動しています。

地域の皆さんとの活動の輪も広がり、いまでは約30以上の団体と協力しながら進めています。低価格競争から脱して、たいへんでも自前で企画しようというスタッフの「あったらいいいな」の思いが、新たな仕事づくりにつながっています。

本格的な経営理念の制定へ

創業当初はスタッフの人数も少なく、「子どもを心豊かに育てたい」といった漠然とした思いのみで、課題が生じたら話し合って解決することで済みましたが、事業が広がるにつれてスタッフの人数も増え、経営理念、保育方針の制定が必要不可欠となりました。

同時に、「私たちは保育の専門家集団です」と言うからには、社会に対して論理的に説明できる、企業としての指針を定める必要があると考えました。そのことは、私がこの仕事に関わるようになってから常に目指してきた、保育者の社会的地位の向上にもつながります。

本格的に経営理念の制定に取り組んだのは、創業から10年を過ぎたころ、埼玉県中小企業同友会に入ったのがきっかけです。

そこで経営理念・方針を文章で表現することに取り組み、それに基づいて「保育者としての5つの力量（コンピテンシー）」を定め、保育の質を示す基準としました。「経営理念」「経営ビジョン」「保育方針」を「経営指針書」として次のように文書として書き表し、「保育者としての5つのコンピテンシー（力量）」も発表しました。

経営理念

こころ　ま～るく　むすぶコマームは、
お子さんの最善の利益を基本に据え、
和を尊ぶ文化を創造していきます。
①遊び学びを通して、幸せに生きる根っこを育む。
②安心して信頼される保育サービスを提供する。
③地域の幸せと、共に成長する企業を目指す。
④社員と一緒に、幸せな働き方を創造する。

経営ビジョン

あったかい会社、つよい会社

①子どもを真ん中に、地域の「あったらいいな…」に応え、家庭と地域をつなぐ子ども・子育て支援サービス企業になります。

②多様な働き方を推進し、ワークライフバランスの充実を図り、スタッフの貢献に感謝できる企業になります。

③コマームが「あってよかった…」と愛され、しなやかな経営で収益性の高い企業になります。

保育方針

①人との関わりを育む保育（ひとりひとりへの応答・愛着関係を大切に）

コマームは、子どものあるがままを受け入れ、愛着関係をしっかり紡ぐ応答的保育の実践を基本にしています。「自分は愛されている」という安心感を持っている子は、勇気を出して未知の世界への探索活動に出かけることができます。その中から徐々に自己と他者を確認し、世の中との関わりを学び、将来にわたって幸せに生きていくための土台を培っていきます。

②自発性・自主性を育む保育（ひとりひとりの発達、基本的生活習慣の自立を大切に）

コマームは、子どもが自ら育つ力を信じ、子ども自ら選択し、その選択によって活動することを大切にしています。「子どもの伸び時」を見守り・見極めながらサポートし、自発性・自主性を育んでいきます。子どもから自然に芽生える「やってみたい」という気持ちや意欲を大切にし、その子なりの発達に合わせて根気よく「基本的生活習慣」の自立を援助していきます。

③豊かな感性・創造力を育む保育（ひとりひとりの遊びのバランスを大切に）

コマームは、子どもにとって何より大切な遊びを通じて、知的発達を促し、たくましく育つための「根っこ」を育んでいきます。子どもの未来を見据え、ひとりひとりの発達・成長を「育ちと学びの物語」と捉え、遊び込んだり創り出したりすることを大切に、安心・安全な遊び環境を常に再構成しながら保育していきます。

保育者としての5つの力量（コンピテンシー）

①環境構成を考える力
②見守り・見極める力
③関わりの手法（保育技術）
④関係づくりをする力
⑤実践を評価する力

多種多様な事業の広がり

放課後の子どもたちに創発的な活動をさせてあげたい

共働き家庭などで学校が終わっても家庭に保護者がいない子どもたちのために、「放課後児童クラブ（正式には放課後児童健全育成事業）」という制度があり、働く女性が増え続けている今、受託件数は年々増加しています。

放課後児童クラブの場合、子どもたちはその学校での授業が終わると同じ学校の空き教室、あるいは学校の敷地内外の施設へやってきます。それから保護者が迎えに来るまで、デイリープログラムに沿って集団遊びをしたり、おやつを食べたり、宿題をしたり、校庭で遊んだり、異年齢集団でいろいろな遊びをしながら過ごします。

白梅学園大学前学長の汐見稔幸先生は、子育て支援関連の講演会などで望ましい子育て環境として「放牧と牛舎」にたとえて語っています。

私はその話を聞くといつも私の子ども時代、学校から家に帰るまでの解放された何とも言えない楽しかった気持ちを思い出します。学校が終わったら、近所の野原や路地裏で思い思いに自由に遊び、夕方になったらおのおの家に帰るというのが普通の暮らしだったような気がします。

だからこそ、放課後児童クラブでは異年齢集団としての決め事を守りながらも、子どもの自主性・主体性を重んじ、創発的な活動に挑戦する「マイプロジェクト」を取り入れていきたいと思いました。「マイプロジェクト」とは児童クラブの一日の流れの中に、みんなで一緒にやってみようというプログラムだけではなく、自主的に今日やりたいことを自分で決めて自発的にやっていくためのプログラムです。ひとりでやれることもあればチームでやっていくこともあります。スタッフの努力のおかげで、ようやく一部の施設ではその活動が根付いてきたようでとてもうれしいです。

事業として全体的にとらえると、環境設備面はまだ十分ではなく定員も増え続けている現状では課題はまだまだたくさんあります。これからも、子どもが子どもらしく「子ども時代を謳歌できる」ような、「やんちゃな放課後を過ごせる」環境づくりを目指していきたいと思っています。

原点の障がい児保育を発展。障がい者が働ける場づくりを

埼玉中小企業家同友会の「障がい者問題全国交流会」に参加し、感銘を受けたことがきっかけで障がい者雇用に本腰を入れて取り組むようになりました。

特に「**しあわせのうた**」という詩に胸がジーンとなり、その詩を拡大して事務局に掲示したのです。

しんじあうこころ。
あわてても　あかん時はアホになろ。
わいわいと　笑いながら和をつくる。
せめるなら　銭湯で一風呂浴びてこい。
のびる芽は　のびのびやれば伸びてくる。
うまいうそ　それもひとつのラブコール。
たかい理想にすすむより　楽しい夢へまず一歩。
（2012年障がい者問題全国交流会IN大阪　報告者　落語家　桂 福点氏）

「ぜったいにやらなくては！」という熱い思いを抱き、大阪大会から帰ってきたのをいまでも鮮明に覚えています。コマームのスタッフには「社長がどこかの研修に行って熱くなって、また何か始めようとしている」と映ったことでしょう。私の保育者としての原点が障がい児保育であったこともその思いの背景にあり、合理的な配慮さえあればみんなにとってハッピーな取り組みになると信じているのです。具体的には、業務の流れをわかり易く順番に記載したり、その障がいの特性や困りごとにあわせて工夫しています。（合理的配慮とは、障がいのある方々の人権が障がいのない方々と同じように保障されると共に、教育や就業、その他社会生活において平等に参加できるよう、それぞれの障がい特性や困りごとに合わせておこなわれる配慮のこと）

その後、埼玉中小企業家同友会「障がい者雇用推進委員会」の例会に、コマームスタッフも参加してグループ討論で他社の取り組み事例をお聞きしたり、時には取り組みを発表させていただく機会を得たことにより、社内での共有化が徐々に広がっていきました。

そして、やっと障がい者雇用をスタートさせることができました。

障がい者も健常者と共に社会参加できる共生の場をつくり、あらゆる角度からひとりひとりの可能性を見出し、人材育成をしていくことを目指しています。初年度は雇用1名、インターンシップ6名を受け入れました。翌年からは徐々に増え最近ではインターンシップ10名、雇用も4名になりました。現在、肢体不自由、軽度な知的障がい、精神障がいの方を受け入れていますが、それぞれの施設では障がいの程度に応じて、できることを優先して仕事を進めています。

インターンシップについては、特別支援学校から軽度知的障がいの生徒の相談が増加し、インターンシップを経験したあと、卒業後に入社した人もいます。人事部の担当者も自ら積極的に学校との交流を深めて情報交換をしています。

「スヌーズレン」というリラックス空間を提供したいという思いを実現

埼玉県経営革新計画「放課後等デイサービス事業」の承認も取得しました。

放課後デイサービスとは、障がいのある学齢期の児童が放課後や学校が休みの日に通う療養機能・居場所機能を備えた福祉サービスで、「障がい児の放課後児童クラブ」とも呼ばれています。

私はこのような施設をつくる時には、ぜひとも「スヌーズレン」を取り込みたいと考えていました。
スヌーズレンとはオランダ語で「クンクン臭いを嗅ぐ」と「うとうとする」を組み合わせた造語で、スヌーズレンルームとは、「五感を刺激したリラックス空間」のことです。光・音・匂い・振動や触覚の素材や機材を用いて、五感を優しく刺激する独創的な環境をつくり、天然アロマ精油の香りの中、イルカが泳ぐ映像等が映し出され、心地いい空間をつくりだすのです。

このスヌーズレン事業は国の「ものづくり補助金」を活用することにし、埼玉大学教育学部の野村泰朗准教授とスウェーデンでの研究実践者である河本佳子さんと一緒に専門家でチームをつくりました。開発プログラム・運営マニュアル・装置の購入などを企画書に盛り込み「ものづくり助成金」を申請し、許諾を得られました。しかし、半年後の最終的な助成金申請書類の作成段階で、この助成金はソフト面開発のための費用が全く適用されず、ハード面の装置（機器）購入費にしか適用されないことがわかったのです。

受け取ることができた助成金は予定した金額の四分の一以下で、資金的に厳しい状況に陥ってしまい、大きな負債を背負うことになってしまいました。しかしここであきらめるわけにはいきません。私たちはスヌーズレンの活動が子どもたちの発達支援の手助けになると信じて、厳しい状況ながら「スヌーズレンルーム」を完成させました。こうして、所沢市くすのき台に直営施設「コマームチャイルドくすのき台」を設置し、「放課後デイサービス」がスタートしました。

現在この施設には、放課後はもとより長期休暇にはスヌーズレンの体験を希望する多くの子どもたちがやってきます。そのような子どもたちの姿を見るにつけ、開設して本当に良かったと思っています。できることならほかの施設でもスヌーズレンを活用したいのですが、外国製輸入品の高価な装置であるため開設資金投資が高額になり赤字が続いており、多店舗展開がむずかしいのが現状です。

左脳的分析力をもつ保育者支援ロボットの成長に期待

ロボット開発にも関わるようになりました。きっかけは、私たちが指定管理者となっている児童館に埼玉大学の院生が「自分たちが研究しているロボットを、子どもたちと遊ばせたい」と言ってきたことが始まりでした。その後、彼が選択しているゼミの先生で、教育システムを研究されている野村准教授を紹介されました。野村准教授は、保育の仕事を科学的に考えることが苦手な私たち保育者の課題を理解してくださり、保育者支援ロボットを開発しようということになったのです。

私たちが考えているのは、単純に子どもの世話を手伝ってくれるロボットではありません。保育者の相棒となる保育者支援ロボットです。ロボットは左脳的な分析力が得意ですが、右脳的な情緒的なことは保育者の得意分野です。そこで、保育者の苦手な左脳的な分野をロボットにやってもらおうという結論に至りました。

保育者の行動を記録してデータ化したり、それを使い次に生かせるような行動ツールをつくったり……。

保育者のそばに相棒のロボットがいてその瞬間、瞬間を記録してくれたらいいなと思っていたのです。そうすれば、保育の大事な出来事をその都度記録に書く時間が減って、保育者はもっとゆったりとした気持ちで子どもたちに関われます。保育者を応援するロボットですが、保育者の代わりをするものではありません。人がやれることは保育者がやる、そこは譲ってはなりません。

今回は開発費として「ものづくり補助金」への申請はやめて、埼玉県の最先端産業への補助金を申請したところ、トライアル資金が出ることになりスタートさせました。開発中のロボット君はやっと入り口に立ったばかりです。外見は「ここまるごん」を目指していますが、中身の頭脳は複雑過ぎてまだ世の中には出て行けそうにありません。かなりの難産ではありますが、私は保育者相棒ロボット君の誕生の夢が捨てきれません。これからもチャンスがあれば挑戦していきたいと思っています。

逆転の発想、子どもが元気に育つ場をつくり地域を活性化させる

ある総合警備会社の社長と出会ったのは、埼玉中小企業家同友会でした。

「当社の敷地内に保育園をつくり、地域に貢献したい。協力してもらえませんか？」と相談されたのです。早速、その社長と助成金が出ないか行政に相談に行ったところ「待機児童対策のために待機児童が多いところから順番にやっています。その地域は待機児童がいないから応募されてもおそらく無理でしょう」と断られてしまいました。行政は待機児童がいないところには助成金は出さない、保育園をつくるのならどうぞご勝手にと言わんばかりです。

そこまで言われたらあきらめるかと思いましたが、社長はこう、熱く語るのです。

「小松さん、保育園をつくればそこに子育て世代が移り住んでくれて子どもたちが来るじゃないですか、地域が活性化するじゃないですか、だからやってみたいのです」と。

そうは言われても、簡単にできるものではありません。

どうしたものかと思案していた数年後「企業主導型保育事業」という支援策が出されたのです。早速、私たちは子どもを真ん中に「つながる村プロジェクト」を立ち上げ、保育園開園に向けて始動しました。保育室のレイアウトはもとより、遊具や保育カリキュラム等々、コマームのこれまでの保育ノウハウをベースにつくりあげました。

待機児童がいるから保育園をつくるという行政的な判断ではなく、地域の子どもたちが元気に育つ場があれば、地域が良くなるだろう、地域が活性化するだろうという、いわば逆転の発想です。そんな経営者の思いに心を動かされて、企業主導型保育事業中島保育園は認可外保育園として、無事オープン。子どもは地域で育つ、大人も町も一緒に育つという思いを「地球とつながり・地域で育つ」とし、依頼企業の思いを「明るく・楽しく・元気よく」として保育目標を掲げました。

もちろん新保育所保育指針などに掲げられた「育みたい資質・能力」「幼児期の終わりまでに育ってほしい10の姿」も盛り込みました。四季折々の花や果実を身近に感じられる広い庭や警備会社ならではの安全対策を施して、地域に密着した保育を目指した取り組みが行われています。

第2章

多様な働き方の仕組みづくり

私は小さい子どもがいても保育の仕事がしたい、保育の仕事を続けたいという人たちと一緒に創業し、そのニーズに応えながら事業を進めてきました。その原点は、私自身が子育てと保育者としての仕事の両立ができずにやむを得ず仕事を辞めたという経験があったからです。今、世の中は保育士不足を声高に叫んでいますが、保育士が働き続けられる仕組みがないこともひとつの要因ではないでしょうか。

保育士になる人は子どもが好き。したがって自分の子どももできるだけ自分で育てたい、家庭も大事にしたいという人が多いのです。仕事は続けたいけれど自分の子どもはどうするのかと、そのジレンマで悩み辞めていくのです。

子どもを育てながらでも保育の仕事をするにはどうしたらいいかを考えました。どのような保育の仕事なら続けることができるのか、どのような働き方であれば皆が笑顔でいられるのか、どのような職場環境であればいいのか……。

私たちは試行錯誤を繰り返しながら、多様な働き方ができる職場環境をつくってきました。数年前からは男性スタッフも増え続け、男性にも多様な働き方が広がっています。シニア層のスタッフも活躍しています。障がい者の雇用も定着しつつあります。お子さんを預かる保育の仕事は、子育て支援の仕事としてどんどん広がっています。子育て支援事業が広がるに伴い、多様な保育の職場、多様な年齢層だけでなく、多様な資格や経験をもったスタッフも活躍しています。

✷ 子育て中でも働ける場

失敗経験が多様な働き方のヒントに

子育てしながら内職のコーディネーターをしていた時の失敗経験が、多様な働き方のヒントになっています。内職の仕事をひとりでたくさんやってみようと欲張ったものの、納期に間に合わなくて迷惑をかけたことが何度かありました。仕事に充てられる時間的余裕があったのでこなせるはずが、次々に子どもたちにハプニングが起こり、計画通りにはいきませんでした。私だけではなく他の主婦の方にも同じようなことが起こりました。

そこで、納期を守って安定的に仕事を受けるには、チームでやったほうがいいと考えました。「育児サークル」のマネージャーをしている時も、同じような失敗がありました。たくさんあるサークルは単体ではなく、地域ごとにチームをつくって運営したほうがうまくいったのです。

働ける時間だけ働いてもらえる仕組みづくり

創業時に集まってくれた30人は、働き方の「あったらいいな」のヒントになりました。本当はフルタイムで働きたいけれど30代はもっと家庭のことをしたい、自分の子どもを育てたい。40代になると、子どもの手は離れたけれど夫がリストラにあったので、子どもの進学のために、私がもっと働かなくてはいけないといった問題が起こり始めます。年を重ねるにしたがい、女性を取り巻く状況が変化してくるのです。

また当初は引っ込み思案であまり積極的に仕事をしなかった人も、慣れてくると自信がついてきて、もっと仕事がしたいと思うようにもなります。

ところが30代から40代にかけてめいっぱい働いていた人も50代、60代になると各家庭で介護の問題が起きてきます。そうなった時に、今度は「親の介護があるので仕事を辞めます」ではなく、「介護をしながらでも仕事を続けられる仕組みをつくろう」ということになりました。働ける時間だけ働いてもらえる仕組みです。女性のライフスタイルに合った働き方の仕組みが、こうしてできてきました。多様な働き方という言葉なんて、全然知らなかった時代の話です。

ですが今、思うのです。「働く人のあったらいいな」に応えていくというのは、こういうことなんだなと。いまだにその言葉は私を引っ張っています。

「仕事ありき」ではなく「働く人ありき」でスタート

私たちは先に仕事ありきではなく、先に働く人ありきでスタートしました。「顧客ニーズに応える」という言葉は聞きますが、「スタッフのニーズに応えて仕事の仕組みをつくる」など、あまり聞いたことはないと思います。

少なくとも創業時には、このような働き方で事業を行っている会社はありませんでした。実現には正直、とても手間ヒマがかかります。しかしこれがコマーム流であり、実際にこれまでなんとかやってきました。だからこそ、この仕組みをさらに進化させ、働き方の多様化にさらに応えられるようにしていきたいのです。

✸ 働き方を変えられる仕組み

コマームの雇用形態について

コマームには多様な雇用形態があります。

一つ目の働き方は、働ける時だけ働く、スポットスタッフです。スタッフの働きたい日・時間と、会社が働いてもらいたい日がマッチングした時に働く雇用形態です。保育ルームや児童育成施設だけでなく、家庭訪問保育の事業でも活躍しています。

二つ目の働き方は、常勤で働く月給制の社員です。40時間の社員だけではなく、30時間の短時間社員もいます。さらには、雇用期間の定めが有る契約社員も活躍しています。

三つ目の働き方は、時間給制のパート社員です。

四つ目の働き方は、派遣業認可も受けており、常勤・非常勤の派遣社員が派遣先の形態（勤務地や勤務時間など）に応じて働いています。

保育ルームや児童育成施設などの事業ごとに、さまざまな社員やスタッフが時間や場所をシェアしながら働いています。

今、事務局員が20人以上、現場スタッフの登録者は５００人以上の大所帯になりました。スポットスタッフとして少し働いて社会参加しながら、次にパート社員になってみよう、もっと働けたら30時間社員、そして40時間社員にまでなりたい、というように、コマームの中で自分の働き方を変えていける仕組みができています。また40時間社員であっても、親の介護の問題などが生じた場合、短い時間だけの働き方に変わりたいという人にも応えています。

このように、ライフスタイルやワークライフバランスに合わせた多様な働き方の仕組みがあることで、大好きな保育の仕事を一生の仕事にして活躍してほしいと思っています。

column 1

限られた時間を有効活用し、ワークライフバランスを見事に全うしたスタッフ

事務局で働いていた伊藤まゆみさん（仮名）はふたりの子どもを抱えたシングルマザーで、保育園の迎えのため午後4時には退社したいというのが入社時の希望でした。事務局で働いている時はいつでも常に仕事の段取りを工夫していました。

自分がいない時でも誰もがわかるように仕事の見える化を図り、さらに多忙期を見越した仕事の標準化も果たしました。

午後4時に退社するために彼女も必死だったのでしょう。それを見て私は仕事の効率化は心がけ次第でできると確信しました。もちろん、効率化は保育の現場ではできませんし、するべきではありませんが、保育以外の事務作業では可能です。彼女はそれを見事にやり遂げ、ワークライフバランスを全うしました。伊藤さんはその後再婚して、ご主人の転勤で退社しましたが、限られた時間内で一生懸命働く姿は忘れられません。

労働条件通知書を3通持つスタッフも……

多様な働き方の仕組みを動かすにはさまざまな課題を克服していかなければなりません。ひとりの人がひとつの仕事だけ行うのであればシンプルですが、いくつかの事業を掛け持ちで行っている人もいます。あるところで働いていた人が今度は別の仕事場で働いたり、辞めた人が復職したり、急にシフトに入れなくなった場合は代わりに働いてくれる人を探します。

また派遣社員だった人が登録社員になったり、短時間社員になったりなどなど。同じ会社なのに労働条件通知書を3通持っている人もいます。それぞれの働き方によって就業規則も給料も異なります。施設間の移動や事業間の異動もあります。

シフトをつくるのも、労務管理をするのもたいへんです。予定していた人の子どもが急に病気になり、現場に穴があきそうになることもあります。そういう時、スタッフはみんな事情をわかっていますから、時間の都合がつけられる人が「私が行きます」と快く対応したり、事務局から行くこともあります。ところが今度は、あとで経理担当がたいへんになります。労働契約が異なる人が行くと労務管理が複雑になるからです。このように、多様な働き方を実践するに当たっては、実は事務局のスタッフがとても苦労をしているのです。

「社長は、『女性活躍推進』や『多様な働き方について』というテーマでよく講演しているけど、事務局のコーディネートは本当にたいへんなのです」

「フルタイムひとりでできる仕事を3人でやることが多いから、コーディネートはいつもいつもてんてこまいです」という声も聞こえてきます。

仕事ができるひとりの人にピンポイントで合わせた仕組みをつくったほうがおそらく生産性もいいし、パターン化できるし、効率がいいと思います。けれども私たちはフルタイムで働けない人たちに働いてもらいたいから、このような仕組みをつくり毎日汗をかいているのです。そのために会社をつくったのですから途中であきらめるわけにはいきません。事務局スタッフの苦労を少しでも軽減できるよう、これからもシステムを改善していきたいと思っています。

働く人同士が「お互いさまの心」を持ち、多様な働き方を実践

多様な働き方というと、「働く人の都合で勝手に働ける」と思う人がいます。確かに働

きたい人が働ける時間内だけ働くことができることではありますが、それだけでは組織としての仕事をすることはできません。限られた短い時間だからこそ、その時間を有効に使い、与えられた仕事に一生懸命取り組むことが大切であることは言うまでもありません。

多様な働き方に関連する言葉として「ワークライフバランス」という言葉がよく使われます。その言葉には心地良い響きがありますが、仕事によっては、時には誰かが「ワーク(仕事)、ワーク(仕事)、ワーク(仕事)」の時間を担わなくてはならないこともあるのです。それを皆が理解し助け合う「お互いさまの心」がなければ、組織の中で多様な働き方を実践することはできません。

私はワークライフバランスとは「長い人生のなかで『ワーク＝仕事』と『ライフ＝各自の生き方』のバランスをとり上手に生きること」だと考えています。しかしその人生の中では、ある限られた時期であれば「ワーク」が「ライフ」を上回る時期もあるのではないかと思います。その時は「ワーク、ワーク、ワーク」を少しの間でも引き受けてもらうととても助かります。引き受けてくれる人がいるから、スタッフそれぞれの多様な働き方が可能になると言ってもいいでしょう。働く人同士がお互いの立場を推し量り、理解し合うという「お互いさまの心」で、多様な働き方を実践していきたいのです。

column 2

自分の子どもが成長してからはワーク、ワーク、ワーク

岡山幸子さん（仮名）は若い時は他業界でキャリアウーマンとしてバリバリ働いていました。その後、子どもが小さくて子育てがたいへんだった時期に、縁あって私たちと一緒に働くようになりました。彼女はキャリアウーマン時代の経験から、仕事の厳しさ、仕事があることのありがたさを熟知していて、仕事を任せれば完璧でした。マネジメント力、指導力もあり、ずいぶん助けられました。

当初は短時間勤務でしたが、子どもが成人して時間に余裕ができてからは、仕事優先で頑張ってくれました。ある時期は「お互いさまだから」と、文字通り「ワーク、ワーク、ワーク」だったこともありました。これからもあまり無理をせずに関わってもらえればと思っています。

✱ スタッフ間の情報共有と交流

埼玉県内にいくつか拠点があるため、スタッフの勤務地や勤務時間はそれぞれ異なります。同じ職場で仕事をしていても、時間差で顔を合わせられないスタッフも大勢います。それでもスタッフ間で情報を共有し、スムーズに仕事を進めなければなりません。先にお話しした「かかわり記録」や「共感協働カード」での情報共有を図る一方で、社内報の発行やさまざまな会合を企画してスタッフ間の交流を推進しています。

かつて保護者から、「スタッフがいつも同じ人でないと、きちんとした保育ができないのではないか」と疑問を投げかけられたことがあります。この時私は次のようにお答えしました。

「スタッフは当社の保育方針（経営理念など）をもとに仕事をし、スタッフ間での情報の共有や申し送りを行っています。なにより子どもたちはいろいろな大人たち（保育者）と出会い成長していきます。私たちは子どもたちが育つ力をチーム力で見守っていきたいと思っています」と。

チーフ会議で大鍋のカレーや豚汁をつついたことも

事務局と現場をつなぐ重要な会議として毎月チーフ会議を開いて情報交換を行い、課題解決のためにいろいろなことを話し合います。これには埼玉県内の各施設から、40人以上のチーフが参加しています。

まだチーフ会議のメンバーが少なかった時は、本社でのチーフ会議の日には、ランチ用に大鍋にカレーや豚汁をつくり、皆でワイワイ鍋をつついたものでした。人数が増えた今ではそのような機会もなくなりましたが、懐かしい思い出のひとつです。

現場からの心のこもったコメントを載せた社内報を毎月発行

コマーム社内報は、県内各地で業務にあたるスタッフたちの情報交換、交流の場となればという思いを込めて作成し毎月発行しています。トップページでは、保育の新しい取り組みや組織のあり方、将来への夢など私がスタッフたちに伝えたいことを綴っています。

ひとりひとりを大切にという思いで、プロフェッショナルによる健康の秘訣を紹介するコーナーや、社内ばかりでなく外部で開かれる研究会や研修会の情報も紹介しています。

社内の研究会は、スタッフ同士の意思統一や問題解決、子育て支援に関する専門知識の学びのためのとても重要な会ですので、セクションごとの研究会日時を掲載し、他のセクションからの参加も推進しています。

社会情勢や施策の変化に対応して、保育の現場も常に進化し続けることが大切です。そのため、「これは不便だ」「こうしたらよいのに」といった現場からの声も掲載しています。各部門のコーナーでは、現場からの心のこもったコメントや自然な様子の写真が数多く掲載され、コマーム社内報の中でいちばん人気があります。

事務局からのお知らせや事業の報告のほか、編集後記では角田副社長がスタッフへのねぎらいの言葉や、ちょっと気になった出来事などを書いています。ホッとできるひだまりのようなコーナーです。なお、この社内報は取引先の方はもちろん、地域社会の方々にも「保育・子育て支援」の現状を知っていただきたく思い、数多くの企業、団体、行政機関などにもお送りしています。

200人近いスタッフが集まる年に一度のワクワク大新年会

年に一度「大新年会」という大きなイベントがあります。このイベントは年に数回仕事をしている方からフルタイムの社員まで、すべてのスタッフが対象です。普段会うことのないスタッフが交流する場でもあります。近年では毎年200名以上のスタッフが集まっています。

現場スタッフの日頃の働きとそれを支えるご家族に、感謝の気持ちを込めて事務局スタッフがおもてなしをするイベントです。3か月ぐらい前から、余興やゲームなど、皆さんに楽しんでもらうための準備が始まります。サプライズで私も自ら変顔メイクをして、ドジョウ掬いを披露したことがありました。会場は大いに盛り上がり涙を流して大笑いするスタッフもいましたが、お子さんは驚いたようで、「怖い」と叫んでいました。

ある年、こんなエピソードがありました。

S市（医療保育）のスタッフ：もしかして、Aちゃん？

K市（保育所派遣）のスタッフ：あれ、Bちゃん、何でここにいるの？

ふたりは20年以上前、ある幼稚園の同期入社でプライベートでも仲良く仕事をしていた親しい間柄だったのです。いつの間にか疎遠になっていましたが大新年会で偶然にも再会し、昔話に花が咲きました。他にも大新年会で出会い知り合ったスタッフ同士が、全社研修会などでお互いの近況報告をしている場面もよく見かけます。

また現場のチーフが考えたいろいろな賞があります。「魔女6人を上手に操ったで賞」「美味しいおやつをありがとうで賞」「いっぱい助けてくれたで賞」「陰で支えてくれたで賞」「細い体で頑張ってくれたで賞」「いつもぴかぴかで賞」などなど。コマームを知らない人は「どんなこと？」と思うでしょうが、コマーム関係者は「そうそう、そうだったわね」と涙を流すこともあるのです。

これも多様な働き方から生まれた、私たちらしいスタッフ間の交流であり情報共有の手法だと思っています。働く場所や働き方は違うけれど、同じ時間を楽しみ、最後には全員で大きな輪になって盆踊りのように社歌「ここまる音頭」を踊ります。この時には会場全体が不思議な一体感で包まれます。

事務局は「やりがい創造基地」

多様な働き方を支えている事務局についてもお話ししたいと思います。事務局のキャッチフレーズは、現場スタッフの〝やりがい〟を支える「やりがい創造基地」です。各現場に子どもたちや保護者、地域の幸せのために働くスタッフがたくさんいます。その人たちに常に新しい情報を発信していく、現場スタッフが気持ちよく仕事ができる環境を整える、やりがいをもって仕事をしてもらう場をつくっていく。その作戦基地が事務局です。

一方で、現場スタッフが気持ちよく仕事をするためには、事務局スタッフも気持ちよく仕事ができなければと思っています。そのために、業務マニュアルに載っていない細かいルールや、電話への対応、共有の場所を気持ちよく使うための細かな暗黙の了解などをまとめ、みんなの共通ルールとなる「お作法手帳」という冊子をつくりました。

例えばトイレの使い方。使用後、ふたは閉めておくのか、開けておくのか。どちらが正解ということはありませんが、閉まっているものと思っている人は開いていると気になり、逆に開けておく人は閉まっていると気になります。

家庭内であれば採めごとのひとつでしょう。社内では聞きにくいし、あえて確認しないことだと思いますが、こうした細かい慣習も記載することで気になることがひとつ減ります。

仕事以外の環境が整っていることも、お互いが気持ちよく仕事をする要素のひとつと考えています。これはどの仕事でも同じことです。人と関わる時、こちらの気持ちが整っていないと良い応対ができません。お互いが嫌な思いをしないよう心遣いをしながら仕事をしていくこと、その精神をこの手帳を通して伝えています。

多様な人材を活かす仕組み

スタッフ約500人中、男性スタッフは約40人

私たちの会社は圧倒的に女性が多く、それもパワフルな女性が引っ張ってきた会社です。女性スタッフの「あったらいいね」「そうね、あったらいいわよね」といった共感のつながりで仕事をつくってきたから幅広い事業展開ができるようになったのも事実です。しかしスタッフが増えるにつれて、自分では気がつかないうちに、そのような女性単一での思いや考えにしばられていたかもしれない、と思うようになりました。一般的に男性が得意とする組織的な考え方や経営の質を上げるといった論理的な思考が、必要になってきています。

息子達がコマームを担ってくれるようになってから、確実に男性スタッフが増えています。

コンピュータに詳しく、その経験を活かして事務部門で活躍している、一般企業から転

職してきた男性もいます。児童館や児童センターで働く「児童厚生員」の資格が、4年制大学で心理・教育・社会・芸術・体育の学科を習得すれば取得できることも、男性の門戸を広げました。

そうは言っても、とくに今の若い男性は心優しい人が多く、パワフルな女性たちに圧倒されてしまうのではと最初はちょっと心配でもありました。しかし最近ではいろいろな個性をもった若い男性が増え、また教育業界で活躍してきたシニア世代の男性も加わり、男性スタッフの年齢層も広がっています。男性スタッフが加わったことで、現場ではダイナミックな遊びができるようになりました。女性では体力的に無理だったことでも、男性なら子どもにせがまれれば何度も何度もやってあげることができます。

ひとりっ子が多い今、兄弟姉妹と遊ぶことも少なく、またお父さんも仕事が忙しくてなかなか一緒に遊べない子どもも多いので、子どもたちは大喜びです。男性と女性がうまく調和し、今後、保育の質やマネジメントの質がますます向上していくことを期待していきます。現在、男性スタッフは全体の8％です。年齢層は20代の若手から70代のシニア層までと幅広く、事務部門のほか、放課後児童クラブ、児童館、子育て支援センターなどで活躍しています。

障がい者と一緒に働くことで心豊かに

前にも述べましたが、２０１２年に中小企業同友会の『２０１２年障がい者問題全国交流会IN大阪』で感銘を受けたことがきっかけで、２０１４年から障がい者雇用に取り組むようになりました。一緒に働くことでみんなの心が豊かになっていくと思っています。

３年間のインターンシップを経て、特別支援学校から新卒で入社したスタッフがいます。軽度な知的障がい者で、小学生レベルの算数、足し算や引き算が苦手です。時計を読むことはできますが、何分間という時間の感覚を理解することがむずかしい。

例えば「30分間でこの仕事をしてください」と伝えても理解できず「午後2時から午後2時30分までに行ってください」との説明が必要です。しかし子どもたちへの対応はとてもうまくできています。また同じく特別支援学校から入社したスタッフは、事務的な仕事はむずかしいようですが、弟や妹がいたからか小さな子どもへの対応はとても慣れていて、力を発揮してくれています。一方で小学生ぐらいの年齢の子どもと距離感を測ることがむずかしく、そんな場合は他のスタッフが一緒に行動するようにしているようです。

このように、障がい者雇用を行うには、受け入れる私たちにも心配りが必要になります。

そこで私は、「障がいを個性と捉え、特性として仕事づくりをする。①できる仕事、②できるかもしれない仕事、③できない仕事の3つに分類する。完璧な人なんていない、お互いみんな不完全。考えるな、感じろ～！」と受け入れの考え方を埼玉中小企業家同友会の例会で示しました。

こうして障がい者雇用に取り組んで6年目となりますが、スタッフ間でお互い認め合い、補い合う風土が見られ始めました。当初は不安があった現場も研修や見学、事前レクチャーなどの導入により、受け入れてみようという姿勢に変わってきました。また一方で、仕事をするうえで彼らからたくさんのヒントをもらえたと感じるようにもなってきています。

例えば、障がい者の方が働きやすいようにと行ったさまざまな試みが、実は自分たちにもたいへん役に立っていることに気づかされることがあるのです。障がい者のスタッフと一緒に働いたあるスタッフは、次のような感想を話してくれました。

「私は障がいをもつスタッフには意識してスモールステップでお願いしました。ひとつの仕事を細かく段階を踏んでお願いし、それができたら小さなことでもありがとうと感謝の言葉を伝える。これを繰り返すことで仕事に自信をもってもらえて、うまくいくようになっていきました。得意な分野を伸ばしていければ、他のスタッフよりできるようになるのではと感じています」

私はこの話を聞いてすごいな、と感じました。障がいをもった人たちと一緒に仕事をすることで、スタッフが心豊かに成長していることに感激したのです。障がいは個性です。障がい者ができる仕事もできない仕事もあります。できない仕事は、私たちにもあることで、完璧な人などいません。お互い皆不完全です。そう考えるところに障がい者雇用があり「人を生かす経営」人に活かされる経営があるのではないかと思います。障がい者雇用では多くのことに気づかせてもらっていると感じています。

「子どもを真ん中に、こころをま～るくむすぶ」。これがコマームの理念

ここ1、2年、待機児童問題に象徴されるように、保育の需要の拡大に伴って私たちの事業も急激に広がりました。しかし、その約80%は人件費です。スタッフのニーズも多様化し、ニーズに応えられないことも多くなってきています。同時に、これまでになかったいろいろな課題が生じてきています。

これまでは、ひとりの人が保育経験を積み重ねていくことでゆっくり成長してきました。

column 3

穏やかで素敵な笑顔に

障がい者を雇用する施設で働く杉山英子さん（仮名）は、どんな仕事でもテキパキ行う優秀な女性です。教員経験もあり、どちらかというと部下に対しては厳しい方ですが、愛情のある厳しさです。彼女は障がい者にどのような言葉で指示を出したら仕事の内容を理解してもらえるかを、いろいろ工夫しました。

例えば、同じことを言うにも厳しい北風の言葉で言うより暖かい太陽の言葉で言ったほうが、相手の心によく伝わるのではないかとやさしく丁寧に話をしました。

数の概念を把握するのが苦手な障がい者に物品の発注時期をわかってもらうために、例えば残り3個で発注する品物がある時は、残り3個目のところに発注カードを置きました。すると、雇用した障がい者にとっていいなと思ってやったことが、すべてのスタッフにとってもいいことに気づいたのです。そして、杉山さん自身も人との関わり方が穏やかになり、笑顔が一層、すてきになりました。

コマームの考え方が好きという「コマームラブ」の心で仕事をしてきた人が、もっと仕事をしたいというので、それに応えて会社としても仕事を広げ、その人も成長してきました。

コマームラブのスタッフには、「子どもを真ん中に、こころをま～るくむすぶ」というコマームの理念は浸透しているので、ことあるたびにそれを前提に話を進めます。

しかしコマーム以外で経験を積んできたスタッフは、自分が感じていない言葉で言われても、とまどってしまうようです。

「こころをま～るくむすぶ」って何？

「子どもを真ん中に」って、具体的にどういうことなの？

多様な年齢層のスタッフがいて、それぞれが多様な働き方を選択し、そこに多様な価値観が加わると、さまざまな意見が飛び交います。男性スタッフが増え、年齢層も幅広くなり、保育士の資格をもつ人、もたない人、障がいの有無など、考え方や個性の多様性が加わったのです。さまざまな多様性が絡み合いながら、楽しく仕事ができる仕組みづくりが求められています。

人にはそれぞれの思いがあり、それぞれの道を歩んできています。初めから無理して一足飛びにコマームラブになってほしいとは思っていません。一緒にさまざまな課題に向き合い、話し合い、お互いを認め合いながら、徐々にその人なりのペースで、いつかコマームラブになってくれたらうれしいです。

多様な人の「胎盤」になれたらいいな

経営資源は、人、モノ、カネ、情報といいますが、やはり一番は「人材」です。経営することに男女の差はありませんが、お互いの違いやひとりひとりの個性を生かし「人が活き活き」と働ける仕組みをつくることがこれからの社会には大事であると思っています。

違いや個性を活かすということは、お子さんの援助や支援をする保育においても同じです。赤ちゃんが生まれるまではお母さんの「胎盤」に守られて成長していきます。人が社会に出て働きながら成長していくための仕組みづくりを「胎盤」にたとえて、「中小企業はその『胎盤』になれたらいいな」と思っています。この考えは、中小企業同友会の活動を通して出会うことができた大田堯先生の言葉です。「胎盤」という言葉が保育者である私の心に響いたので、ここに引用させていただきました。

私たちは多様な働き方ができる仕組みをつくってきましたが、今後は、より多様な人たちのための働き方を考えていきたいと思っています。男性、女性、障がい者はもとより、宗教や国籍の異なるスタッフへの配慮も必要となるでしょう。そしてこれまでの「あったらいいな」は多分、これからの未来社会においては、もっと広い意味での多様性になるでしょう。

多様な働き方だけではなくて、多様な人というところに、「あったらいいな」が活かされていくように感じています。

多様であるものをマネジメントしていくことは、簡単ではなくとても手間ひまのかかる仕組みづくりであると考えています。挑戦すればするほど課題が湧きだしてきます。コマームは試行錯誤しながらも「多様な人が活き活きと活躍できる仕組みづくり」、例えて「胎盤づくり」に挑戦していきます。

課題が山積み、「男子部」主導の経済制度

目線を変えて考えてみれば、今までの一般的な制度や組織は、ある意味、戦後の高度成長期に「男子部」がつくってきた仕組みなのではないでしょうか?

「男子部」がつくった仕組みというのは私が勝手につけた表現です。「女子部」の視点を

仕組みに入れる必要性を感じていなかった時代の「男子部」主導の経済制度が、今も続いていると感じています。その仕組みのまま、そこに女性をはじめとする多様な人たちの多様な働き方をはめ込もうとしても、いろいろな誤差や不都合が出てくるのではないでしょうか？

その課題が、あふれだしているように感じています。「女子部」の視点をもうちょっと仕組みに取り入れると、「男子部」がつくってきた仕組みはもっと活性化するのではないでしょうか？

私たちはこれまで、「思い」で子育て支援事業を進めてきましたが、現在は未来に向けて次の世代にどうつないでいくかという踊り場にいます。今後、多様性を活かしながらどのように「人が活き活き働ける組織」にしていくか？　これは画一的とか効率的とは別の次元での仕組みづくりへの挑戦です。本音を言えば、とってもしんどいことを選んでしまったなと思っています。しかし乗り越えなければならない課題が見えてくるということは、打つ手は無限にあるということです。

「女子部」の視点で多様な「あったらいいな」を活かしていけば、きっとさまざまな解決への糸口も見え、次の世代に引き継いでいけると考えています。

第3章

コマームの日常

コマームの子育て支援現場では、日々さまざまなことが起こります。私たちは子どもの成長を見つけた時は喜びや感動を味わい、困ったことが起きた時は皆で意見を出し合います。また子育て支援者はそれぞれ現場で感じたこと、困ったことなどを「かかわり記録」や「5つの共感協働カード」などに書き、情報を皆で共有しています。

ここではさまざまな子育て支援現場の様子をご紹介しながら、私たちの「子どもを真ん中に、こころま~るくむすぶ」取り組みとその思いをお話ししたいと思います。ここでの子育て支援現場とは、訪問保育や保育士派遣、保育ルーム、児童館や学童施設など児童健全育成施設や子育て支援拠点施設など、コマームの運営する施設・場所を総称しています。

✸ 子どもたちの力を引きだす

ちょっとしたケガをくりかえしながら、子どもは成長していく

ジャングルジム、回旋塔、箱ブランコ、シーソーなどの遊具が危険だから、子どもがケガをするからと公園からどんどんなくなっています。しかし周りの大人たちが先回りして

危険をすべて取り除いてしまうのは、果たしていいことなのでしょうか？　子どものころ、高いところから飛び降りて転んだことやひざを擦りむいたことは、誰もが経験していることでしょう。おてんば娘だった私の経験でもありますが、ちょっとしたケガをくりかえしながら、子どもたちは危険を乗り越えるすべを身につけていくものだと思います。

「子どもが予知できない危険（ハザード）は取り払わなければいけないが、子どもが自らの判断でチャレンジする小さな危険（リスク）を残すことを、大人は理解し、判断できるようにしておくことが大切」と言われています。私たち大人にとってたいへん重要な課題だと考えています。

　小さな危険を残すか排除するかは、子どもの発達段階がわからないと適切に判断できませんし、個人差もあります。年齢や発達段階により、ある子どもには小さな危険でも、他の子どもには大きな危険となることがあります。またこれは保育者だけの判断でできることではなく、保護者の考えも尊重し、お互いに情報を共有して進めなければなりません。

　直営の保育ルーム、コマームナーサリー川口には、保育環境の専門家のアドバイスをいただきながら、「おもちゃのこま～む（現 こまむぐ）」がつくったオリジナル発達遊具があります。最初にその遊具を見た保育者から「大きな穴があけてあって子どもが落ちたらたいへん！　こんなの危ない」と言われました。そうです。落ちるようになっている遊具ですから、危ないのです。

しかしその遊具は高さに変化があり、最初の高さはハイハイの子どもでも登れて、そこから落ちてもたいしたことはない。せいぜい擦り傷やこぶくらいですみます。穴から降りると、遊具の中の隅に隠れる場所があります。子どもたちはそんな場所が大好きですから、大はしゃぎ。その遊具の周りにはいつも子どもたちが群れています。

保護者には「この遊具は安全安心ではないが大きな危険はない、遊具を通して子どもたちはいろいろなことを体験し、擦り傷もつくりながら成長していく」ということを説明し、納得していただきました。私たちは子どもたちの動線を見ながら、大きな危険と小さな危険を科学的に判断できるよう、日々学んでいかなければいけないと思っています。

大人が求める結果がすぐに出る時こそ「要注意！」

子どもの成長発達を適切にサポートしていくために、私たちは1年を四半期に分けて考えます。4〜6月はごたごた期、7〜9月はのびのび期（解放期）、10〜12月はぐんぐん期（伸展期）、1〜3月わくわく期（充実期）と称しています。4〜6月のごたごた期では、新しい出会いがあります。入所式・開園式は「楽しい始まりの日」。お子さんにも保護者にも保育者にとっても新しい出会いが始まります。

ある児童館で初めて新年度から運営に関わるようになった時のことです。子どもたちは新しい保育者である私たちに興味をもち、「今度の保育者はどんな人かな？」と試すのです。

20代の男性の新人保育者にある子どもが言います。

「なんでお前が来るんだ、帰れよ」と。

けれども、その子どもはその保育者が気になるようで、ちょくちょく近づいてきては「まだいるのかよ」とちょっかいを出します。1日目はそんな状況だったそうです。2～3日くらいたつと、その保育者も子どものそんな気持ちを感じ取り、いろいろ話しかけながら、1週間後には一緒に遊ぶようになりました。

子どもたち同士でもこの子とは友だちになれるかな、どんな子かな、と遊びながら、けんかもします。4月～6月はそんなごたごた期なのです。

子どもたちが多少騒がしくても、皆が元気でニコニコしているのであれば、私たちは見守っています。次第に保育者や友だちとも慣れて、7～9月ののびのび期（解放期）、10～

12月ぐんぐん期（伸展期）となり、年が明けて1～3月のわくわく期（充実期）になれば、そこで子どもたちはぐんと成長します。しかし、それを待てずに早急に結果を求める人たちがいます。

もし、大人が求める結果がすぐに出る時は「要注意！」です。それは内発ではなく、外発的、つまりさせられているだけです。自主性や自発性に至るには時間がかかります。どの子どもにも伸びる力があるのです。私たちはひとりひとりの子どもの成長を見ながら、その子の「伸び時」を見守り見極めながらサポートしています。

✹ 子育てのパートナーでありたい

今、行政でも「子育て支援サービス」という言葉を使うようになってきました。私たちもそれに合わせて「子育て支援総合サービス」としていますが、しかし保育は単なるサービス業なのか？　と考えると違和感を覚えます。私たち保育者は「子育て真っ最中の親を応援するパートナーでありたい」と思っています。お子さんは、単なるサービスの受け手のお客さまではなく私たちの事業の「主役」です。保護者とは心を通わせ、お子さんの育ちを一緒に楽しみながら伴走するパートナーでありたいのです。

保護者の「あったらいいな」という思いと、私たちの思いがイコールではないこともあります。例えば「保育時間の延長」の要望があります。保育時間を延長すれば保護者がもっと働きやすくなるという考えもよくわかります。ただ一律に保育時間を延長すればいいということではないのでは？　と考えています。

今、世の中は働きすぎを見直し、残業を減らそうという考え方に変わりつつあります。働き方改革で、就業時間が短くなったり、残業が減ったり有給休暇が取りやすくなればいいと思っています。その分、お子さんや家族と過ごす時間が増えたらいいなと願います。

子どもを真ん中に

「紙パンツの後ろと前、反対でしたよ」の言葉に感謝

新人保育者が紙パンツを後ろと前、反対にはかせてしまったことがありました。家に帰ってそのことに気がついた保護者は翌日、そのことを笑顔で話したのです。

「○○さん、うちの子の紙パンツ、後ろと前、反対でしたよ」
「えっ、すみません！」

お叱りを受けて当たり前のことでしたが、笑いながら注意してくれたのです。保護者の方はその新人保育者がいつも一生懸命子どもたちと接していることを見ていたので、叱るよりも「これからは気をつけてね」という気持ちを伝えてくれたのです。もちろん、新人保育者は保護者の気持ちに感謝し、なお一層仕事に励んでいます。

噛みついてしまう子どもの気持ちに寄り添う

ある時、AちゃんがBちゃんに噛みついてしまいました。小さなお子さんの場合、集団保育ではよくあることです。子どもはまだ自分の気持ちを言葉で伝えることができないため、相手の子どもに興味がある、例えば「遊ぼう！」という気持ちの表れかもしれません。保育者はそのことを理解し、Aちゃん、Bちゃんがいい関係になれるようにうまく介入することが大切です。Aちゃんが一方的に悪いわけではないのです。

しかしBちゃんの保護者にすれば「誰が噛んだのか？　謝ってほしい」ということになります。その時担当だった新人保育者は保護者から「誰が噛んだの？」と強い口調で問い詰められ、上司に相談せずに「Aちゃんです」と言ってしまったのです。保育者として決して言ってはならないことで、その結果、保護者同士がいがみ合うことになってしまったのです。私たちは双方の保護者に、子どもの発達段階について説明をすることで、和解をしていただきました。

一方で、Aちゃん、Bちゃんは翌日にはいつものように一緒に仲良く遊んでいました。このことをきっかけに私たちは子どもの発達段階について改めて確認し合い、噛みつくという行動に至らないようにするにはどうしたらいいか、皆で話し合いました。

✸「かかわり記録」で情報共有

私たちは保護者の気持ちに寄り添い、さりげないサポートをしていくために、「かかわり記録」を活用しています。「かかわり記録」は、専門相談機関を利用するほどの事例ではなく、日常的な子育ての、ほんのちょっとした悩みや不安感、戸惑いを和らげるような「かかわり」を記録することで、保育者自身が自信をもって行動していけるのです。

具体的内容は、「おやこの遊びひろば」の全体の状況や具体的な対応事例を記載します。

事例項目は、①安全面への配慮（ひやりハッと事例）、②相談ごと、③入れない親子への対応、④トラブルを起こしている親子への対応、⑤ひとりでいる子の親子への対応、⑥資源（情報）を求めている親子への対応、⑦専門的対応が必要な親子への対応、⑧感動体験、⑨初参加への親の対応、⑩その他、の10項目つです。

その時保育士はどう関わったのか？　その関わりはどうだったか？　を振り返ります。毎月、この記録をもとに担当チーフ保育士が記録内容を確認し、気になる事例や相談内容へのアドバイスをしています。「かかわり記録」を継続してつけることで、保育士のスキルアップや心理的負担感の軽減にも役立てています。毎月の「ひろば研究会」でも、この「かかわり記録」をもとに、心理や発達の専門家たちも交え事例研究を重ねています。

年度末には、すべての「かかわり記録」事例を集計分類・分析して考察を加えて保存し、子育て支援事業の質の向上に役立てています。分類項目は、A養育、B心身発達、Cことば、D行動・態度、E教育、F保健・医療、G母親自身の問題、H情報・施設の紹介、I参加者とのかかわり事例、Jその他、ひやりハッと事例などです。

例えば、都内に通勤している若い家族が多く住んでいる地域では、引っ越してきたばかりで地縁もなく、子育てに不安を感じる人も少なくありません。虐待の一次予防に貢献するためにも、この「かかわり記録」システムを充実させ、有効活用していきたいと考えています。

✸「共感協働カード」でこころをつなげる

「人間は自己実現に向かって絶えず成長する」を理論化

私たちはスタッフが現場で感じたこと、経験したことを、内容別に「5つの共感協働カード」に記入し、皆でその情報を共有しています。①感動体験カード、②ありがとうカード、③気づき（イノベーション）カード、④ラッキーコール、⑤ひやりハッとカード、の5つです。

このカードはアメリカの心理学者、アブラハム・マズローの「欲求5段階節（自己実現理論）」を参考に作成したものです。マズローは「人間は自己実現に向かって絶えず成長する」と仮定し、人間の欲求を5段階の階層で理論化しました。これを参考にして、働きながら感じたことや体験したことを共感し合って信頼し合いながら、一緒にやりがいのある職場づくりをしていきたいと考えて、5つの共感協働カードを考案しました。

これら「5つの共感協働カード」は、各施設での毎月の研究会で出し合い、さらに社内報に掲載して情報を共有しています。「5つの共感協働カード」に記された、現場での私たちと子どもたちや保護者との関わり、スタッフ同士のコミュニケーションの一端をご紹介しましょう。

●「感動体験カード」は保護者や子どもたちからのうれしい言葉や、保育する中で発見した子どものキラっと光った言葉、子どもの成長を感じた時の喜びなどを記します。

訪問保育

9か月間ご利用くださったお母様から事務所を通して手紙をいただきました。お子様に対しての接し方をとても喜んでいただき、満足してくださったとのこと。まだ字が書けないお子さまの話した内容を録音してそのまま文章にしたメッセージと、お母様からの心のこもったお手紙に感動しました。

保育所（派遣）

外遊び中にひとりの男児が園庭にある木をながめていました。「どうしたの？」と聞いたところ「笑ってるの」と言ったので、子どもが見つめていた先を見てみると、木の幹の模様がニッコリ顔の模様になっていました。子どもの目線ってすごいなと思うと同時にうれしくなりました。

保育ルーム

年度の終わりに、保護者の方から心のこもったお手紙をいただきました。「1年間お世話になり、ありがとうございました。入ったばかりのころはまだハイハイでしたが、今やスタスタ歩き、おしゃべりも上手になりました。ルームの先生方の優しさに包まれて、スクスクと成長できたと思います。子どもの様子をいつも細かく見てくれ、親である私にもいつもやさしく声がけしていただき、初めて預けた保育園がこのルームで良かったと心から思います。先生方もこれからもお体大事に頑張ってください」
お忙しい中わざわざ書いてくださったと思うと、胸が熱くなりました。

放課後児童クラブ

3年生女児がトイレのスリッパの整頓チェック表をわかりやすくつくって、トイレ入り口に貼ってくれました。自ら整頓も行い、下級生もまねをしてチェック表をつくってくれて、皆で楽しみながら協力することができて、うれしく思いました。

●「ありがとうカード」は共に働くスタッフからニコッと笑顔になれるような言葉をもらった時や、心地よい関係づくりができるヒントに

なったことを記します。

保育ルーム

ぐずりはじめた乳児のお昼寝を頼まれ、無事にお子様が眠りについた時にチーフから「グッジョブ」の言葉をいただきました。「ありがとう」「お疲れさま」など、いつも声をかけていただいているが、「よくできました」という意味のこの言葉が、この時はとくに心に響きました。自分もいろんな感謝の言葉を使えるようになりたい、と思いました。

支援センター

息子がおたふく風邪にかかり、急遽シフト変更をお願いした時、チームの皆さんが「大丈夫だよ」と業務に入ってくださいました。そのうえ、個々に息子の心配までしていただき、ありがとうございました。子どもがまだ小さく、こうして病気になると「仕事に支障が…」と落ち込みますが、代わっていただけること、気にかけてくださることが、本当に励みになります。

児童館

自分の「保育士試験実技試験日」が迫ったある日、児童館の所長が「乳幼児室のお母様方にお声がけするから、人前でやってごらん」と、発表の場を用意してくださいました。〝おむすびころりん〟の3分間のお話を大勢のいる場で発表する機会をいただき、改善点が見つかりました。無事に試験は合格しました。ありがとうございます。

●「気づき（イノベーション）カード」は「うまくいかなかった」「不便だと感じた」時、ちょっと発想ややり方を変えてみたという経験を記します。

支援センター

絵本コーナーの並べ方について、利用者より「本の量が多くて手に取りにくい」「絵本をゆっくり見るより、本を手にとって遊んでいる子が多い」という指摘がありました。

そこで、絵本コーナーの図鑑と乗り物コーナーの本を減らして、見やすく手に取りやすいように並べ変えてみました。さっそく次の日、子どもたちが喜んで図鑑コーナーで本を見ているのを見て、量より質を考慮した設定のよさを改めて感じ、他のコーナーも並べ方を考えたほうが良いと思いました。

児童館　生活クラブ

「荷物忘れについて」ロッカーが狭いので金曜日は学校から持ち帰った荷物や絵の具セット、習字道具などがロッカーに入りきらないため、玄関入り口に置いていますが、忘れて帰ってしまうことが多い。

そこで、荷物を置いた子どもは靴に洗濯ばさみをつけることにしました。すると、帰る時に忘れず、洗濯ばさみと引き換えに荷物を持ち帰れるようになりました。

放課後児童クラブ

私たちのクラブの日課として、一日の終わりの片付け終了後、お迎えがまだの子どもたちでいっせいに掃除を行っています。これまでは支援員が先頭に立ってやっていましたが、上級生に任せたところ、彼らがリーダーになって動いてくれるようになり、その後に続いて下級生の子どもたちも頑張ってキレイにしてくれている光景が見られるようになりました。

一生懸命拭いてくれた証しとして、汚れた雑巾を見せに来てくれる子どももいて、いっぱい褒めました。

●「ラッキーコールカード」にはクレームと改善策を記します。クレームは私たちが足りないことを教えてくれる大切なメッセージですから、「ラッキーコール」と名づけました。

保育ルーム

保護者の方に渡しているノートの欄に保育の様子を書き入れましたが、お子様の名前が違っているとお母様からご指摘を受けました。

改善策 ノートに記入したことはスタッフ同士で名前を確認し合うことにしました。

おやこの遊びひろば

37か所あるおやこの遊びひろばでのことです。チャレンジカードのスタンプを集めるため、多くの会場を訪れる利用者が増えていますが、その会話の中で「入りづらい会場もありますよね」とのご指摘を受けました。

改善策 「常連さんが丸く輪になり話をしていて、入りづらい会場がある」とのことで、とくにその会場に初参加の方がお見えになった時は、輪の中に加われて交流でき「またこの会場に来たい！」と思ってもらえるようなスタッフのことばかけや関わりを研究会で出し合い、実践に活かすことにしました。

放課後児童クラブ

支援員同士や子ども同士、ニックネームで呼び合っていました。柔らかい口調で良いかと思っていましたが、保護者より「きちんと名前で呼び合ったほうが良いのでは？」とご指摘をいただきました。

改善策 子どもたちに「今学期も始まり1か月近くたちました。少し気を引き締めていきましょう。今日から支援員をニックネームではなく〝〇〇さん〟と呼ぶように努力してくださいね」と約束しました。また、支援員同士も同様にしていくことを確認しました。

●「ひやりハッとカード」は、「ひやり」としたこと「ハッ」としたことを記します。起こったことを振り返り、その情報を共有して予防策と危険を察知する直観力をつけます。

保育ルーム

3歳のお子様が履いている靴が大きすぎたようで、散歩中に両足とも脱げてしまい危ない思いをしました。

改善策 お母様に状況をお話して、お子様の足にあった靴をご用意いただきました。

放課後児童クラブ

新1年生の下校時刻に学校へ迎えに行ったが、休みの連絡がないのに姿が見えない子どもがいました。担任の先生は「本人が下校すると言っていたので、下校班のところにいます」とのこと。すぐに本人を見つけ、保護者へ連絡しました。連絡はつかなかったのですがその子どもを連れて放課後児童クラブへ行きました。追って保護者から「登室でした」ということと、お礼の連絡をいただきました。

改善策 今後も子ども自身からの「下校・登室」連絡は受けず、どちらか悩んだ時は保護者に連絡すること。また担任の先生方にも、下校・登室の確認を改めてお願いすることにしました。

児童館

お父様と登室してきた男児。お父様が先に入室なさいましたが、お子様が入り口のところから動かず、泣き出したので確認したところ、上着がドアに挟まれていました。

改善策 入退室時のドアの開閉は保護者任せではなく、保育者も配慮するのはもちろん、保護者の方への注意喚起することも確認しました。

広がる共感協働カード

先にお話ししましたが、私たちは「あったか懇話会」（第2章児童育成事業）という集まりを通じて、地域の人たちと連携して子どもの成長を見守っています。この懇親会でもこの5つの協働共感カードを活用しています。始めのころは思っていても積極的に発言する人は多くありませんでした。そんな時、このカードにそれぞれ感じたことを記入し、それをテーマに話し合いをしたところ、話題が広まり、話の内容も充実したのです。

✸ 子どもの幸せを願う活動

ここまるひろば

開発部ができてから、スタッフの発案により、地域で皆さんと一緒に行う「ここまるひろば」の活動が活発になっています。子どもたちの遊びと学びの場として、地域の人たちの協力により、普段体験できないさまざまなプログラムをここでは提供しています。子どもたちと地域の人たちとのふれあいを通して、豊かな人間関係を育み、遊びと学びを通じて、子どもたちの豊かな感性と創造性を高めたいと思っています。

埼玉大学教育研究センターによる「ロボット教室」、べーゴマ名人による「べーゴマ教室」、女子プロ野球選手による「野球教室」、ユニセフ協会指導による「ユニセフ学習会」など、多彩なプログラムを年間200回を超えて実施しています。

おやこキャリアスクール

地域の産業に関する懇談会に参加したのがきっかけとなり、「おやこキャリアスクール」の構想がもち上がり、地域の中小企業の協力で活動がスタートしています。

テーマは「想像力と創造性」。他者への想像力を高め、地域や社会、経済にチャレンジする豊かな創造性を育むことが目的です。地域の旅行会社、情報会社、建設業者など、多種多様な中小企業が一緒に運営しています。親子が、地域と社会を知るためのキャリアプログラムにチャレンジして共に学び合うことで、斬新なアイデアが次々と生まれています。

遊びレシピ活動

子どもにとって遊びは、自ら考え、学び、新たな力を獲得し、成長・発達していく大切な活動です。私たちは子どもたちに豊かな遊びを提供するために、保育実践アイデア&ノウハウ集の作成・蓄積をして遊びレシピ集を作成し、事務局から定期的に配布しています。このレシピは、さまざまな遊びと出会えるように、造形遊び・創造遊び・感覚遊び・運動遊び、日本の文化的行事など、遊びの種類を5カテゴリーに分類しています。

遊びレシピを参考に事前に準備しリハーサルを行い、状況に応じて再び遊びレシピ集を活用したプログラムを実践します。日々の保育や行事の際に、新たな遊びを発案したり、子どもたちとの遊びを発見した場合は、遊びレシピフォーマットに記載し事務局に提案します。事務局で確認後、新たな遊びレシピを追加し、各施設で共有できるようにしています。

オレンジリボン活動

「ピンク」「ブルー」「ホワイト」など、それぞれのメッセージを掲げたさまざまな「リボン」運動があります。その中で、オレンジリボンは「子ども虐待防止」運動です。オレンジリボンには、「子ども虐待の現状を広く社会に知らせ、子どもを救うためひとりひとりができることを考え、行動しよう、虐待を受けた子どもたちが幸福になれるように」という気持ちが込められています。コマームは、未来を担う子どもたちへの虐待が起こらない社会づくりを、地域の皆さんと一緒に推進していきたいと思っています。

私たちの仕事はすべて、子ども虐待の一次予防につながっています。日々の業務の中で虐待防止は常に意識の中にあるものですが、年に一度、11月の虐待防止推進強化月間に合わせた特別な取り組みをしています。各スタッフが子どもの虐待に対し改めて意識し、活動を通して地域の方へ関心を持ってもらうと共に自身も初心に返り、日々の保育を振り返る月間としています。

始めたころは活動の意図がうまくスタッフへ伝わらず、「何をしたらよいのかわからない」、「忙しくて手が回らない」、「どう伝えたらよいのかわからない」など後ろ向きな意見が多くありました。事務局がオレンジのリボンとリボンを飾る木をすべてつくって用意し各施設に配布しました。各施設では、送られてきたリボンをその木につけてもらうというシンプルな活動でした。

子どもの虐待をひとつでも減らすために、できることがあればやっていきたいという共通の思いがあります。その思いは、オレンジリボン運動の活動機会ができたことで広がり、各施設に浸透しつつあります。

「子育てに疲れてきた保護者に元気が出るメッセージを送りたい」

「子育て中の保護者にひとりじゃないことを知ってほしい」

「いずれ親になる子どもにも虐待について話をし、関心を持って大人になってもらいたい」など積極的な意見も増えています。

各施設のそれぞれの思いを反映し、各施設ならではの特徴を活かした活動になっているのです。活動に参加してくださる協力者は、お子さんや保護者だけでなく、取引先企業や団体、地域の学校の先生、地域住民の方へ広がってきています。これからも、未来を担う子どもたちへの虐待が起こらない社会づくりを、地域の皆さんと一緒に推進していきたいと思っています。

独自につくられた「コマーム安全安心危機管理等マニュアル」で事故を予防

子どもの命を預かる者としては、働き方の多様性に関係なく専門的職業意識を持つプロとしての自覚が求められます。専門的な裏づけと共に、客観性に優れた安全な保育運営をしなくてはなりません。どんな時でも、保育現場における第一義的責任は私たちにあり、子どもの命を守る第一責任者としての意識をもっていなくてはなりません。そのためにも日頃から、事故予防策の習得・事故対応訓練を重ねています。

常に事故の予防を心がけるために「コマーム安全安心危機管理等マニュアル」を独自につくっています。

この中にある「コマーム安全安心確認表」は年間計画になっていて、新年度における安全安心の確認、事故予防の対策と救命処置訓練、感染症予防と対策、虐待防止とオレンジリボン活動、アレルギー児の受け入れと対応などの項目でできています。さらに、「避難訓練年間計画表」「安全管理見取り図」「安全点検チェック表」なども独自に作成して、安全安心に努めています。

日頃の事故予防には「見守る」と「監視する」という2つの視点を持ちます。まずは、子どもの発達に望ましいことを、子どものやりたいことを引き出し保障しながら「見守り」ます。子どもの命に関わり、保育として起きてほしくない出来事を見逃さないために、「監視する」という視点も時には必要になります。事前に子どもの事故の可能性（リスク）があると気づいた出来事は「ひやりハッと」事例に記載し、各研究会や社内報などで共有しています。

日頃から「ひやりハッと」に気づき検証をし、「事故」を防がなくてはなりません。そこで万が一の事故を想定して、迅速で適切な応急手当などを繰り返し学んでいます。保育応急救護協会から講師をお招きして安全安心への意識を高め、子どもの事故を未然に防ぐ研修を行ったり、保育の救命救急の基本を学ぶために市町村で行っている救命講習に参加し、子どもへの心肺蘇生の行い方やＡＥＤの使い方を学んでいます。

お子さんをお預かりする場合に最も注意を払うのが、アレルギーがあるかどうかということです。食べ物はもちろん、草花や虫、動物でもアレルギー反応が起きてしまう場合があります。症状はさまざまですが、アナフィラキシーの症状が現れた場合は、エピペン（アナフィラキシーの進行を一時的に緩和し、ショックを防ぐための補助治療剤。アドレナリン自己注射薬）を保育者が打たなくてはならない場面に出くわすかもしれません。その時にも戸惑わないように、デモ用のエピペンでエピペン講習も行っています。

また、保育者は「事故報告書」に明記し、報告義務を果たさなくてはなりません。

また、保護者や事業者への報告手順・ポイントなどをフローチャートにして、見やすいところに掲示しています。

「信頼」を築くには、子どもへの愛情、保護者への思いやり、そして責任感が必要です。それを具現化するための保育知識、経験、技術、あらゆる総合的な人的資質、生涯学習の必要性を感じ、自己研鑽に励んでいます。

また、「4つ葉プロジェクト」で一緒に活動した松田妙子さんが主催している、「子ども安全インストラクター」という活動にも参加しています。その活動の目的は、インストラクターが事故予防の考え方を学び講座開催を通して、ひとりでも多くの保護者にそれを伝え、家庭や地域での事故を減らすことにあります。

最近の事故対応の課題として、乳児保育においては窒息事故、年齢が上がるにつれて意識不明をふくむ重大事故の、事故数が増加となっているようです。今後は、「コマーム安全安心プロジェクト」を立ち上げて、お子さんの事故予防を確実にするための仕組みをつくりたいと考えています。

さらに、公益社団法人全国保育サービス協会が実施している「リスクマネージャー資格」認定者も増やしていきます。

第 4 章

「あったらいいな」から生まれた事業

子育て真っ最中の親が楽しく子育てができるようにお手伝いがしたい、子育てしながらも笑顔で働ける場をつくりたい。そんな思いで子育て支援の事業を始めました。事業の根っこには、ひとりひとりのお子さんの個性を尊重し、もっている力を引き出す事業をしたいという思いが流れています。

特に乳児期は家庭的な環境が望ましく、ひとりひとりのお子さんとの応答愛着関係をしっかり紡ぐ保育が求められます。幼児期・学童期と成長していく中で大きな集団になっても、ひとりひとりのお子さんの個を見極め、未来を見据え、もっている力を引き出すような関わりを保護者にはしてほしいと願っています。

私は自分の仕事や子育ての経験から感じた「あったらいいな」で起業して、何とかやっているうちにたくさんの「あったらいいな」に出会えたのです。スタッフやお客様から「こんなサービスがあったらいいな」や「こんなことができたら喜ばれるかも」との声に、私自身が動かされたのです。無理かなと思ったことも一生懸命やってみたら、周囲からのサポートもあり、何とかなったこともたくさんありました。とにかく「あったらいいな」をヒントに、きめ細かい丁寧な仕事づくりを今も地道にコツコツやっています。

まだまだ課題も多く、厳しい現状に萎えてしまいそうになる時もありますが、お子さんや保護者の笑顔を見ると、やり続けて良かったと思えるのです。

一方で少子化対策から国も子育て支援を重点施策に取り入れ、各自治体が子育て支援を打ち出すようになりました。その中には私たちが試行錯誤でノウハウを積み重ねてきた事業もあり、私たちはその経験から公的な事業にも関わってきました。

✸ 派遣・訪問事業

派遣・訪問事業

派遣・訪問保育では、ベビーシッターや産後ケアなどの居宅訪問型や、イベント会場などで一時的にお預かりして保育するひととき保育、発達支援をする放課後保育などの事業を運営しています。コマームと雇用契約を結んでいる登録スタッフは現在約１５０人います。この訪問型の保育は創業時から行っており、私たちの仕事の原点でもあります。

２０１５年度に「子ども子育て・支援新制度」が施行されました。家庭に訪問する形式の保育が居宅訪問型保育事業として、条件はありますが、認可事業として認められるようになり、公的給付の対象となりました。東京都では2018年度から、待機児童対策施策として「ベビーシッター支援事業」をスタートさせています。

ベビーシッターの仕事にはチームで対応

ベビーシッターというと欧米ではアルバイト的に学生が子どもの世話をするというイメージがあり、日本でも同じように思われていました。しかしコマームでは、ベビーシッターをアルバイト的な仕事ではなく、最初からプロフェッショナルな仕事ととらえ、保育士や幼稚園教諭などの子ども関連の有資格者をできるだけ多く雇用しました。

資格があれば誰でもベビーシッターの仕事ができるというものではありません。集団保育とは異なった力量が求められます。保育の営みには、「育てる」ことだけではなく、「育つ」ことに対する深い認識ももつことが必要です。お子さんひとりひとりの関心やニーズに沿って、あるがままに受け入れながら「育ち」をサポートすることが求められます。

さまざまな場面で表れるお子さんの個性的な能力や可能性を受け止め、支えたり、後押ししたり、時にはじっくり待ってみたり、個別保育だからこそそのサポートが可能なのです。

そのためベビーシッターには、次のような方が望ましいと思っています。

・家庭という個人空間において、安全安心な子育て環境への配慮ができる。
・子どもが好きであると同時に子どもから好かれるという資質ももっている。
・社会人としてのマナーを身につけている。
・保育者の身元保証がしっかりしている。
・家庭の育児方針に寄り添い、「こういう子育てをしてほしい」という保護者の思いを受け止めてられる。専門性を活かした心のサポート（傾聴・受容・共感）ができる。
などなど。

このように子どもが慣れ親しんでいる家庭において、1対1でその子の発達に合わせてその子の生活リズムを尊重してゆったりと行われる保育の有効性はたくさんあります。

しかし、一方、世の中では密室性や保育の不透明性を心配する声もあります。コマームではこういった心配がないように、事業部部長を責任者として配置し、コーディネーターや複数の担当保育者からなるチーム体制をつくっています。チームの中では保育の計画や安全対策などを検討し、その保育内容や安全対策を可視化することも重要です。利用者から要望があればコーディネーターが家庭にお伺いしご説明します。大切な命をお預かりするという緊張感を常に張り巡らしながら、丁寧に、丁寧に保育しています。

新しい命の誕生からマーム（産後ケア）を

マームは、コマームにおける産後ケアの商品名です。産婦人科等で出産、退院してからの各家庭などを訪問し、赤ちゃんのお世話や沐浴のお手伝い、食事づくりや買い物、洗濯や掃除などの日常の家事、上のお子さんのお世話などをするサービスです。最近は働くお母さんからの依頼が圧倒的に多く、特に高齢出産のお母さんからの依頼が増えています。

バリバリと働いてきたキャリアウーマンが出産後、退院して自宅に戻ったとたん目の前の赤ちゃんとふたりきりの生活が始まると、突然、戸惑ったり悩んだりします。育児書やネットで学んだ育児の知識はあっても子どもは理論通りにはいきません。そのようなお母さんをサポートすることも、私たちの大切な役割だと考えています。

子育てはマニュアル通りにはいきませんから、お母さんの気持ちに寄り添いながらサポートをすることで、お母さんは安心して子どもと向き合えるようになることもあります。赤ちゃんの沐浴や授乳、おむつ替えなどのお世話をしたり、お食事づくりや買い物、洗濯、掃除などトータルで日常の家事をサポートします。里帰りしたように産後はゆっくり過ごしていただきたいという願いから生まれた事業です。

また最近は赤ちゃんが可愛く思えない、抱っこの仕方がわからないなどと悩むお母さんたちも増えています。デリケートな産後における虐待の一次予防になれたらいいなと思って取り組んでいます。

column 4

赤ちゃんのエネルギーをもらい、専業主婦のスキル全開

長年、産後ケアを担当している鹿島洋子さん（仮名）は、創業して間もなく、「ずっと専業主婦で働いたことはないが働きたい」と、応募してきました。産後ケアを担当してもらったのですが、掃除、料理、赤ちゃんの世話が超プロ級なのには感動しました。訪問先でたいへん喜ばれ、リピーターが増えていきました。現在は社内研修の講師として後輩の指導も行っています。「この仕事をしていると、赤ちゃんからエネルギーがもらえるからいつまでも若々しくいられる」というのが口癖です。先日も「専業主婦でやってきたことが仕事になるなんて嬉しい。ずっと働いていていてもいいですか？」と聞かれました。もちろんですとも！

キッズシッター、病後児シッター、ライフシッター（家事サービス）

「キッズシッター」は、学童期のお子さんのシッターです。「病後児シッター」は、お子さんの体調がすぐれず集団保育が無理な時、お子さんの家庭にシッターがお伺いしてお世話します。

大人が留守の時にカギを預かって家に入り、子どもさんの保育をするのですから、やはり信用第一です。また、お子さんや保護者との相性にも心を配る必要があるので、ひとりのお子さんに対して2〜3人のシッターをコーディネートします。

時には家事もシッターに任せてリフレッシュしていただきたいと思い、家事をサポートする仕事もしています。買い物や掃除、炊事、洗濯などの日常の家事ですが、シッターと同時に依頼する家庭もあります。

「託児」ではなく「ひととき保育」

コマームでは「託児」という言葉は、お子さんを荷物のように軽く預けるような感じがするので使っていません。ほんのひと時でもお子さんにとって楽しい時間であってほしいと願っているからです。

「ひととき保育」を始める時は、お子さんも保育者も初めての出会い、会場となる保育環境も初めてというように、初めて尽くしなので、環境面、人的要因等の面においてとてもリスクが高いのです。ひととき保育には、常設の施設で定期的に一時保育する場合と、イベント会場などに臨時に保育の場を設営し一時的に保育をする場合があります。

現在、常設型は、行政や企業からの委託で5か所ほど運営しています。定員は5～10人で、保育者は必ずふたり以上でお子さんの年齢に応じて3～5人配置します。イベントごとの一時保育は、年間約30件の委託を受けています。お子さん50人、100人という大規模のひととき保育の依頼があると、お子さんの年齢に応じてグループ分けし、遊具・玩具を選定して入念な会場づくりを行い、安全面への配慮は怠りません。

保育者も、当日のチーフを中心にチーム分けして各々の役割分担をし、楽しく過ごせるひととき保育計画を立てて臨みます。お子さんの既往症やアレルギーなど配慮しなければならないことや、当日の持ち物を事前にお伝えします。もちろん絶対にケガをさせてはなりません。お預かりする前の事前確認は特に重要ポイントになります。お子さんがワクワク楽しい気持ちで保育会場に来てもらえるよう、会場の床に動物の足跡やお花の絵を張り付け、たどっていったらいつの間にか保育会場の入り口に着いてしまうというような演出もします。

壁面装飾アイテムも事前につくってあるので一気に部屋を楽しい雰囲気に飾り付けできます。会場設営安全グッズも事前に用意してあり、こちらも一気に整えていきます。お子さんの荷物や靴、洋服の取り違えがないよう、番号札を貼ったりして工夫します。また、お子さんがどのように過ごしたかを時系列で記録した保育報告書を作成します。絵本、紙芝居、手遊び、季節の歌遊び、時にはわらべ歌や集団遊びも取り入れ、お子さんの様子も書き込みます。このようにして、お子さんが「今日は楽しかった」とつぶやいてくれるようなひととき保育を行っています。

✸ 保育事業

保育事業

保育事業は、保育ルーム事業と病棟保育事業の２つに分かれています。

保育士の有資格者率が高く、正社員、短時間正社員、パート社員のほか施設スポット登録スタッフとして100人ほどを雇用しています。各施設のチーフ保育士をはじめ、スタッフは経験豊かで、勤続年数10年以上の者も多く、20年以上の保育士もいます。

保育ルームは埼玉県内に12施設、病棟に1施設を運営しています。保育事業では、他の事業部に先駆けて現場チーフ、マネージャーを中心にして、保育養成校の先生やコンサルタントの助言を受けながら、保育者が目標をもって自ら育つプランづくりに取り組んでいます。

保育ルームで大切にしていること

保育ルームは、①家庭的な雰囲気の中で子どもひとりひとりの個性を尊重してその子の個性を引き出すこと、②保護者の気持ちに寄り添い子どもの育ちを共にサポートしていくこと、③スタッフ同士で助け合い意見交換をしながら自己啓発に努めること、を大切にしています。

事業所内保育

コマームの事業所内保育の特徴は、依頼企業の要望に合わせてとことん話し合い、ひとつひとつの案件ごとに、オーダーメイドで開設プランを練り上げていきます。そうすることで、子どもを真ん中に人と人がつながって「こころ　ま～るく　むすぶ」というコマームの思いに賛同してくれる企業を増やすことができます。

依頼企業に最初にお尋ねするのは、なぜ事業所内保育の開設を考えたのか、会社の理念や人材育成などについてです。会社のロゴやイメージカラーなどもお伺いして、保育ルームのイメージづくりを一緒にしていきます。

また、会社の就業時間に合わせて開設時間を考え、働き方に合わせた配慮もします。お子さんの人数や年齢も考慮しながら設定します。その他、通常は幼稚園や小学校に通っているお子さんの一時保育の相談もあります。できるだけ会社の要望にフレキシブルに対応できる保育の仕組みを提案していきます。保育ルームの季節行事には、利用している保護者家族の参加はもちろん、社長や役員、社員も参加できる企画を提案しています。会社の行事に保育ルームのお子さんが参加することもあります。

そして保育指針の内容を科学的に分析し、お子さんの育ちを温かく見守るために開発された保育支援ソフトも導入しています。ひとりひとりのお子さんの、成長発達が著しいところなどが記入された「お子さま保育カルテ」なども参考にしながら、個別で丁寧な関わりをしています。

「おもちゃのこま~む（現 こまむぐ）」が企画開発している、オリジナル木製玩具、遊具も提案しています。この木製玩具は、木目や木の色味によってひとつひとつ違った味があります。お子さんにとっては食事や睡眠同様に重要なものであり、遊びを生み出すきっかけであり、遊びを育むツールにもなっています。

column 5

フルタイム勤務ではないがチーフとして活躍

事業所内保育を担当する早野美知子さん（仮名）は、創業時に応募してきたメンバーのひとりです。当時、幼稚園に通うふたりの息子さんがいました。最初は「おやこの遊びひろば」での保育だけをやりたいと入社しましたが、産婦人科クリニックでの保育が始まり、事業所内保育に関わることになりました。

勉強熱心で責任感があるのでチーフに抜擢したいと彼女に話したところ、フルタイムでなければとのことで、その条件でチーフになってもらいました。

私たちとクリニックとのパイプ役として、また新人への指導も的確で、クリニックからもスタッフからも信頼を寄せられています。

息子さんたちが成長した今も、フルタイム勤務ではありませんが、チーフとして活躍しています。

大人気の病棟保育士

病棟保育は小児がんなど重篤な病《やまい》の子どもたちが入院している病棟での保育で、その子たちが少しでも子どもらしく過ごせるようサポートすることが私たち保育士の仕事です。医療保育は非常に専門性の高い仕事で、現在、受託している医療施設では25人が病棟で働いており、全員保育士です。

保育士不足により、一般的には保育士の採用は非常に厳しいのが現状ですが、病棟保育のための保育士を募集したところ、通常の3倍以上の方が応募してきて驚かされました。しかも、「専門性の高いところで仕事がしたい」「質の高い保育がしたい」「子どもたちの役に立ちたい」などなど、非常に優秀で志の高い人ばかりでした。委託の契約期間があるので、かつてはスタッフのほとんどが委託期間内の契約社員にならざるを得ませんでした。

しかし現在では、全員に無期雇用の正社員、短時間社員、パート社員になってもらっています。専門性が高く大切な仕事ですので、私たちが多少のリスクを負ってでも、スタッフには安心して働いてほしいと思ったからです。

column 6

病棟保育スタート時の一員として、保育の役割を確立

病棟保育担当の栗原美佳さん（仮名）はかつて公立保育園の保母でした。自分の子育てなどワークライフバランスに悩み退職を考えていた時に、私たちの多様な働き方の仕組みを知り、転職してきました。

当初、「少しの時間だけ働きたい」と「事業所内保育」にパートで入り、1年後に病棟保育のスタートメンバーとなりました。

重篤な病の子どもたちが入院する緊張感ある特殊な空間に戸惑い悩んだようですが、與語に続いて医療保育専門員の資格を目指しています。

その後、彼女は自分自身も重篤な病気にかかりましたが、闘病中も働き方を変えながらこの仕事をつづけました。

辛い思いをした分、今は子どもが子どもらしく生きるサポートができることにやりがいを感じていると言います。

病棟保育の役割を自らの努力で確立してきたひとりです。

✸ 子育て支援事業

子育て支援事業とは

子育て支援事業は、公民館などで行われている「ひろば」が約40か所、常設の施設で行われている「子育て支援センター」などが3施設、児童館や児童センターに併設されている「子育て支援拠点」が8施設あり、保育士や子育て支援員の資格を有したスタッフが50人以上働いています。保護者の気持ちに寄り添うこと、まず親子の現状を受け止めることがこの事業の要になります。

初めての出会いから保護者に対して指導的、指示的になってしまうと、関係性が上手くいかなくなる事例も出てきます。「お友だちがほしい」「お話ししたい」「聞いてほしい」という気持ちに寄り添い、専門性はポケットにしまっておいて「ちょっと先輩ママあるいはパパ」として接してほしいのです。子育て支援事業は、保護者自身の育児力をエンパワーメントする事業だと考えています。初めから完璧な親なんていません。子育てしながら知ることや、学ぶことや、経験していくことで「親」になっていくようです。

おやこの遊びひろば

家庭で子育てをしているお母さんたちのための公的な子育て支援の場として、「おやこの遊びひろば」がつくられています。私たちは、①専門性を活かしたサポート（傾聴・受容・共感）、②安全で安心な保育環境への配慮（危機管理）、③行政・地域との連携（ネットワーク）の3つを掲げて、現在、約40か所の「ひろば」を受託しています。自治体によっては、発達障がいなどの子どもをケアする専門機関を併設しているところもあり、私たちは専門家の方と連携を取りながら、お母さんや子どもたちと関わっています。

かつて、専業主婦で子育てをしているお母さんたちが、子育てで悩んでいると言うと、「ぜいたくな悩み」だと、世間では取り合ってもらえませんでした。「家にいて子育てして3食昼寝つき、そんなラクなことはないじゃないか」と。しかし、専業主婦と言われる人たちの悩みは非常に深いものなのです。誰かに相談したくても、なかなかその機会がなく、ひとりで悶々と悩むお母さんが多いのが実情です。そんなお母さんたちの「あったらいいな」という思いを、保育者がすくいあげることでつくられたのが「おやこの遊びひろば」

です。それは、虐待の一次予防のための小さな取り組みのひとつでもあります。

家庭で子育てしているお母さんたちが子どもと一緒に自由に集まり、皆で知恵を出し合い、いろいろな遊びをしながら子育ての情報交換をします。また「おやこの遊びひろば」にはお孫さんを預かっているお祖父ちゃんやお祖母ちゃんもお孫さんと一緒に来られます。孫と一緒に遊ぶのが体力的に不安に感じるような時でも「ひろば」では私たちがサポートしますので、安心して遊ばせることができます。

「かかわり記録」や「安全管理見取り図」などで情報共有

「おやこの遊びひろば」のスタッフはほとんどが保育士の有資格者です。補助の人でも子育て支援研修を受講しており、経験年数が長いスタッフも多く働いています。3〜5時間の短時間勤務や午前中だけの仕事もあるので、小さい子を育てながら保育士として再デビューする機会にもなっています。

それぞれの勤務時間がマチマチなので、スタッフ間での情報共有化と育成が重要なポイントです。そこで、毎日の状況や、保護者やお子さんとの関わりを丁寧に記録する「かかわり記録」を開発しました。「かかわり記録」では、毎年事例を分析し報告書を作成して、スタッフ研修に活用しています。この「かかわり記録」については、第3章で詳しくお話ししています。また会場の安全点検を徹底するために考えた「安全管理見取り図」や、急にスポットで担当しても戸惑わないように考えた「引継ぎ事項」などもスタッフが開発しました。地域別に情報交換の場を設け、気になる親子の情報交換や、地域ならではの子育てに役立つ情報（子連れでの遊び場やレストラン、保育所や幼稚園、子育て支援拠点や児童館などの情報）の交換をしています。

また、「あんなこと知りたい、こんなことやってみたい」という保護者の「あったらいいな」に応え、公開研修会として「子育て力アップ講座」などもスタッフからの発案で行っています。もちろん企画講座は「ひととき保育」付きです。毎回大盛況ですぐに定員いっぱいになってしまいます。これからママになる方対象で、「子育てって楽しい〜」を伝えるために企画している「プレママ」講座も大人気です。「利用者アンケート」や「かかわり記録」からの相談事例をもとに、タイムリーな話題を選んで提供しています。

子育て支援センター

3歳までのお子さんとその保護者が対象の事業ですが、地域によっては利用対象を広げ就学前までとしている施設もあります。子育て支援センターとして独立した専用の施設もあれば、児童館などの一部に「子育て支援拠点」として機能している施設もあります。コマームでは「つながる子育て支援センター」という思いでこの事業を担っています。子育てしていることを一緒に喜び合う、重層的で柔軟な子育て支援ネットワークの拠点の構築を目指します。

他にも健常児・障がい児という目線だけではなく、「個別な事情に配慮」し「個別な特性」を活かす組織づくりも重要だと考えています。例えば、「青少年ボランティアスクール」「あかちゃんふれあい事業」などの子育て支援拠点における中高生向けのプログラムにも取り組んでいます。

「つながる」というイメージをコマーム流にいうと、親と子のつながりをさらに強める「①縦の関係」の支援と、ひとりっ子も増えているので、お子さん同士のつながりや保護者同士のつながりを築く「②横の関係」の支援があります。

そしてもうひとつ「③斜めの関係」があります。これには子育て支援センターで働くスタッフの関わりが、重要な役割を果たします。

column 7

ちょっと先輩ママのアドバイスで、新米ママは心ほっこり

「おやこの遊びひろば」担当の羽村あゆみさん（仮名）は、以前は保育士としてバリバリ働いていましたが、結婚・出産を機に退職して専業主婦になりました。けれども保育士の資格を活かしたいとコマームに入社しました。

仕事を辞めて家庭に入り、専業主婦として子育てのたいへんさを感じていた時に、「おやこの遊びひろば」のスタッフ募集の「ちょっと先輩ママのサポート」というフレーズに感動したとのことでした。

当時はまだ子どもが小さかったので、午前中だけなら働けるということでしたが、お子さんが成長するにしたがい、働く時間を徐々に増やしていきました。

いつも穏やかで笑顔を絶やさず、新米ママさんにとって安心できる存在です。

現在は後輩の指導にも当たっています。彼女の背中を見て彼女の娘さんが、保育士を目指しているのもうれしいことです。

児童育成事業

児童育成事業とは

児童育成事業は、児童館・児童センター・放課後児童クラブ・放課後子ども教室等、子どもたちの健全な育成を目的とした事業です。この事業部はコマームでいちばんの大所帯で250人近くのスタッフが所属しています。男性職員の割合が多いのもこの事業部の特徴です。保育士や教員資格をもっているスタッフが多いだけではなく、音楽、絵画、手芸、食育、運動などの専門知識をもった、現場の経験が豊かなスタッフも多く働いています。

夏休みなどの学校の長期休みになると、開室時間が長くなるので、季節限定スタッフ80名近くを採用し、応援体制をとっています。学生のインターンシップも多く、障がい者や行政からのインターンシップも受け入れています。学生ボランティアの希望者も多く、夏まつりや冬まつりなどのイベント時には特に大勢受け入れています。活動エリアは県内の各地に広がっているので、エリアマネージャーや顧問というベテランスタッフもそれぞれに配置しています。

児童館─官から民への流れの中で

2003年9月に地方自治法の一部改正により、指定管理者制度が導入され、児童館にも適用されました。私たちはこれまで、子育て支援の専門家集団として事業展開してきましたので、指定管理者制度に参入することにしました。指定管理者になると事業運営のほかに自治体のつくった施設の管理をすることになり、新たな仕事が加わります。

指定管理者になるには自治体にプレゼンを行い、選定されなければなりません。私たちはこれまでの活動をもとに、地域に密着した児童館をつくるというコンセプトでプレゼンを行いました。最初に挑戦した児童館では残念ながら選定から外れてしまいましたが、その時に見えてきた課題をひとつひとつクリアし、今では埼玉県内で約20か所の児童館や子育て支援拠点などの指定管理や業務委託を受け、運営しています。

地域まるごと児童館に

児童館・児童センターは、乳幼児から小学生、中学生、高校生までのお子さんが自由に利用できる施設です。加えてその保護者や家族だけでなく、地域の「子ども・子育て支援」を目的とした地域住民の方や、地域の団体や企業も活躍できる仕組みをつくっています。乳幼児の場合は保護者と共に来館しますが、学童期になると放課後や休日に自由に訪れてさまざまな企画に参加します。与えられた企画に参加するだけではなく、子どもたちが自ら企画していくこともあります。

また、企画のひとつとして、「地域あったか懇話会」があります。いつも子どもたちのために児童館の活動を担ってくださっているボランティアを中心に、近隣の自治会や青年団、民生委員、小・中・高の校長や教頭、警察の地域課・青少年課、保健師、行政担当者など、さまざまな地域の人たちが参加します。

例えば「夏休みに向けて子どもの安全を地域で守るには」とか「地域でちょっと気になる子どもがいるがどのように見守ったらいいか」などなど。また不審者情報、危ない場所の情報も全員で共有します。

日ごろの子どもたちの様子をお伝えしたり児童館の活動報告をするだけではなく、子どもたちを取り巻くさまざまな地域の課題を話し合いながら、子どもを真ん中に共に育む支援の輪を広げています。

column 8

子どもたちに人気者の男性スタッフ

児童館を担当する田中健一さん（仮名）は6～7年前、男性社員の採用を始めたばかりのころ、４年制大学新卒でフルタイムの契約社員として入社しました。保育とは無縁の学部の出身です。スポーツが好きで、学生時代にボランティアで学童期の子どもたちにスポーツのコーチをしていたことから、子どもに関わる仕事がしたいというのが入社の動機だったと言います。

入社後に児童厚生員の資格を取得し、正社員として働いています。時には頼りになるお兄ちゃん、時にはダイナミックな遊びで子どもたちを引っ張るガキ大将的存在で、子どもたちの人気者です。

放課後児童クラブ

放課後児童クラブは働く親を支援する行政の取り組みです。対象は1年生から6年生の小学生、定員は1支援40人と言われています。特別支援学級に在籍している子どもたちもいます。コマームでは「子ども力発信！　地域で守り・育てる児童クラブ」という思いでこの事業を担い、地域と共に歩む子育て支援の実現に向けて、子どもたちの状況やニーズに合った魅力的なプログラムを提供しています。

私たちは、子どもたちの自主性や主体性を重んじ、最低限のルールを守りながらここでは自由で伸び伸び過ごしてほしいと考えています。子どもたちが自ら「今日は何をどのようにやって放課後を過ごすか」を考えて実践する「マイプロジェクトタイム」という時間を設けているクラブもあります。ひとりひとりを大切に考え、楽しく遊び生活できる環境を整え、毎日の生活の中でのいろいろな体験を通して成長や発達を促していきたいのです。

学校でも家庭でもない第3の居場所が子どもにはあったほうがいいと思っています。放課後児童クラブにはいろいろな年代の子どもたちが集まりますから、学校とは違う人間関係をつくる場でもあり、学校でも家庭でも見せない姿を見せることがあります。私たちは、子どもの成長する力を信じて、上手に受け入れなければなりません。ただしその際、自己主張だけでなく、社会的な決まりを守り相手のことも受け入れられるように導いていく、それが保育者の役割であり責任であると思っています。

勤務は、通常は午後から、長期休みは朝からなどと変わるので、年間を通して一定スタッフを確保できるような工夫を重ねています。まだまだ十分とはいえませんが、正社員や短時間正社員雇用を増やす工夫も続けています。未就学児対象の施策はかなり整ってきていますが、学童期については緒に就いたばかりです。

地域とつながって

子どもたちが毎日の暮らしの中でさまざまな体験を通して成長・発達できるように、地域の人たちとつながって、多種多様な試みを行っています。

地域の人たちにはベーゴマやメンコ、竹とんぼ、折り紙、手品などを子どもたちに教えながら一緒に遊んでもらい、野球やバドミントン、ラグビーの選手がやってきて、プロの技を披露し、子どもたちにスポーツの楽しさを伝えてくれることもあります。

子どもたちがいろいろな大人たちと触れ合うことが、成長の糧になると思っています。

column 9

オリジナル遊びレシピで子どもたちの力を引き出す

地域の人たちとつながって、さまざまな遊びをするうちに、スタッフの中からオリジナルの遊びをつくろうという機運が芽生えました。そのリーダー的役割を担ったのが佐藤葵さん（仮名）です。

そこで考えた遊びを子どもたちに提案すると、子どもたちがそれ以上の遊びに発展させることもあり、子どもの力のすごさに感動すると言います。彼女は小学校の教師を目指していましたがそれが叶わず、当社に入社しました。しかし伸び伸び躍動する放課後の子どもたちの姿を見る時、教師になっていたら体験できなかったことや、やりがい感をコマームの仕事で見つけることができたと言います。

✸ 発達支援への取り組み

発達のデコボコは個性のひとつ

発達の早い遅いなど発達のデコボコは個性のひとつだと私たちは考えています。その子を取り巻く環境やその子自身の状態によって、その子なりに日々、成長しています。

保育者はその子の発達に合ったサポートをしたいと考えています。その子が今できていることを、たとえそれが小さなステップであっても将来への見通しをイメージしながら見守っていくことが大切です。大人から見れば、困った行動をする子は、どうして？　なぜ？　と思われてしまいますが、その子にはその子なりの思いや理由があります。

うまくコミュニケーションが取れないため、思いが伝わらないことも多々あります。気持ちをコントロールできないため、突飛な行動に出ることもあります。保育者にはそれらを包括的に見る力が求められますので、保育者自身の成長にもつながります。子どもが安心してやりたいことができる状況の中で、その子の得意なことから進めていくという保育のスキルも必要になります。保育者はその子が得意なこと、やりたいと思っていること、楽しめることを見つけたら、それをわかりやすく見通しをつけてその子に伝えます。

一方でそのような子どもたちの保護者は、子育てがうまくいかないことで、たいへんつらい思いもしています。保育者はそれを受けとめて保護者に寄り添い、「共に子どもの育ちをサポートしていきましょう」というメッセージを、保護者に伝えることが大切です。

また保育者自身がひとりで抱え込まずに、専門機関と連携することも必要なことです。例えば、乳幼児期のお子さんを預かる施設に発達が気になるお子さんが来ると、保育者はその子の行動に戸惑います。その子は言葉でうまく表現することができませんから、その場にいた他の子に体当たりすることもあります。その時に「ダメよ」ではなく、どうしてそのような行動をとるのかを考える必要があるのです。

私たちはスタッフ向けの基礎講座研修で「発達分析表」について学びます。それはひとりの子どもの行動を項目別にチェックし、客観的に見て何歳ぐらいのレベルかを判断するものです。例えば、2歳のこの子は言葉は1歳くらい、運動能力は3歳くらいと発達のデコボコを認識し、それをもとにその子にどう接したらいいかを考えます。そして日々の保育の中で先輩の意見を聞きながら実践していくのです。

column 10

最初は汗だくで頑張るも笑顔なし、発達支援の子と関わり笑顔に

高田大樹さん（仮名）がまだ新人保育者だったころ、放課後児童クラブの担当になりました。その現場は子どもの人数が約80人と非常に多く、たいへんな思いをしたようです。子どもたちに「静かにしてください！」と何度言ってもダメです。その中には特別支援学級の子どももいますから、興奮する子どももいて静かになりません。

高田さんは汗だくになりながら懸命に子どもたちに呼びかけるのですが、子どもたちは高田さんの言うことなど聞きません。それを見たベテラン保育者が、他の子どものことはいいから、発達支援学級の子どもひとりとじっくり関わってごらんと言ったそうです。そこで高田さんはその子とじっくり向き合い、その子がしたいことを見つけて、楽しくできる環境を整えていったそうです。

次第にその子とコミュニケーションが取れるようになっていきました。その子がだんだんと自信をつけてきたのと同時に高田さんにも自信がついてきました。またひとりの子どもにきちんと向き合う高田さんの姿を見ていた他の子どもたちが高田さんを認めるようになり、他の子どもたちと高田さんとの関係もうまくいくようになりました。こうして、高田さんは笑顔で仕事に取り組むことができるようになったのです。

特別支援学級のお子さんの才能を引きだす

特別支援学級と普通学級のお子さんとが、一緒に過ごせる児童クラブもあります。ある児童クラブに勉強は良くできるけれど人との関わりがうまくできない、コミュニケーションがうまくとれない特別支援学級の４年生の男の子がいます。保護者は、放課後だけでも普通学級の子どもたちと過ごさせたいと思われ申し込んだようです。そのお子さんはとても優れた発想力があり、私が訪れた時は、トイレットペーパーなどいろんな紙で作品を制作中でした。

保育者によると、その子が帰宅したあとも片付けないで飾っておいたところ、次の日、また次の日と、黙々とその作品をつくり上げていったそうです。保育者がその子の得意なところをよく理解して伸ばしていった結果、素晴らしい作品ができあがったことに感動しました。

その作品を見て、他の子どもたちからも「僕もつくりたい」「私もつくりたい」という声が上がりました。そうしてその男の子は少しずつではありますが、他の子とのコミュニケーションが取れるようになっていったとのことです。

第5章

“ワクワク、ドキドキ”チーム次世代への期待

たくましく育つための「根っこ」を育む

ＡＩやロボットと共存するこれからの社会では、「非認知能力」がますます重要になってきます。

コマームでは「非認知能力」を育てることを「遊び学びを通して根っこを育む」と言っています。人格の基礎をつくる時期に携われる私たちの仕事は、とてもやりがいがあるものです。

子どもが「今日いちにち楽しかった〜」と言ってくれたら、保育者冥利につきます。子どもにいい笑顔になってほしいため、いろいろ計画を立てたり方針を持ち出したりはしますが、つきつめれば子どもの要求や期待にできるだけ十分に応えてあげること、それだけのことなのかもしれません。

しかし、それがなかなか十分にはできないのです。

また、子どもの要求に応えてあげながらも、こちらからもちゃんと伝えなくてはならないこともありますから、伝え方を工夫してくり返し伝えるようにしています。いらだったり、どなったりしても効果はありません。

もちろん子どもの要求をうっかり見のがしてしまったり知らんぷりしたり、めんどくさがったり、無視してしまうことはよくありません。またこちらから要求や期待ばかりかけ、成果がすぐにあがるような強制的な伝え方をしてしまうのもよくありません。

いつできるかな？　もうすぐできるかな？　まだかな？　と問いかけながら、ワクワクして見守っていきます。

まずはその子どものあるがままを受け入れ、愛着関係をしっかり紡ぐ応答的な関わりが大切です。「自分は愛されている」という安心感をもっている子は、勇気を出して未知の世界の探索活動に出かけることができます。

子どもが自ら育つ力を信じることです。ですから子どもが自ら選択し、その選択によって活動することを大切にしています。子どもから自然に芽生える「やってみたい」という気持ちや意欲を大切にし、その子なりの発達に合わせて根気よく援助していくことです。

子どもにとって何よりも大切な「遊び」を通して、知的発達を促したくましく育つための「根っこ」を育んでいくのです。

「遊び」を進化させることで人間性が育まれる

「遊び」で育まれることとは、情緒、表現力、集中力、創造力、協調性など数多くあります。そして、子どもの発達に伴って、ひとり遊び、傍観遊び、平行遊び、連合遊び、協同遊びへとどんどん進化していきます。

自分ひとりの世界から、次第に友だちと一緒に遊ぶことの楽しさがわかってきます。玩具や道具を共有したり貸したり借りたり取り合ったりする中で、相手を思いやる気持ちや我慢する気持ちが育っていきます。本来もっている好奇心を刺激し物事に対する興味愛着をもつように、言語・身体・音楽的・造形遊び活動等をバランスよく取り入れていくのです。模倣やごっこ遊びを通して友達と一緒に遊ぶ楽しさを体験したり、自然物への興味・関心を通して感性も育っていきます。

さまざまな遊びが豊かに展開するようになれば、ひとりひとりがアイディアを盛り込んで創意工夫をこらすことができます。思考力や認識力がより豊かに身につく時期には保育者は、教材活用に留意していきます。友達関係に喜びを見出す一方で、喧嘩や葛藤に悩むことが出てくるのも発達の過程です。

子どもの発達を促す関わりは〝量〟よりも〝質〟

落ち着いた気持ちで絆を確かめる時間をもつことは重要で、時間は短くても良質の時を共有することです。子どもが私たち保育者を求めてくる、その瞬間に対応するなどタイミングも大切です。量とか時間の〝長さ〟ではなく〝質〟が大切なのです。

子どもは、話す経験を積むと、自分の言いたいことがわかってもらえることを実感でき、相手のことも理解できるようになっていきます。すると、さまざまな人とコミュニケーションをとっていこうという意欲や自信がもてるようになるのです。

保育者は愛情を示し子どもの心の安全基地になりましょう。子どもは守られ安心できる場所にいるという実感があれば、新しい知識や習慣を身につけられるようになり、好奇心、ストレスを感じた時には気持ちを立て直すこともでき、自分の力で乗り越えていけるようになるのです。

好ましい行為をした時には、そのことが良いことであるとすぐに伝え褒めるようにします。子どもはどんなことをしたのかすぐ忘れてしまうので、その直後に言ってあげるとよいでしょう。内容を具体的に言ってあげることでさらに理解が増し、次につながります。

「いつも見守られている」と感じると、子どもはとてもうれしい気持ちになれます。「見守られている」という実感があれば、子どもは自分が価値のある人間なのだと自信をもつようにもなり、自己肯定感が育まれていくのです。

モチベーション向上のために

チーフ、サブチーフという役割はありますが、チームメンバー間で幅広く分担して、ひとりの人にあまり多くの仕事が集中しないようにしたいものです。

セクションごとの研究会を毎月企画して開催したり、コマームの年間テーマを意識しながらも、毎年、自分のチームで取り組みたいテーマも考え、実行計画を立てています。

また、チームメンバー間のミーティングに加え、担当マネージャーとも、定期的にミーティングを開き、直面している問題を話し合い、お互いに学び合う場を設けています。

次世代チームは、自分たちで考えているコンピテンシーモデル（理想の子育て支援者像）に基づいて、あれやこれや話し合いながらお互いに評価し合える仕組みをつくり始めています。

やりがい創造基地づくり

本社事務局に権限を集中させることなく、本社事務局は現場のやりがいをどんどん応援していく「やりがい創造基地」になることを目指しています。

権限をチームに委譲したあとは、従来型のように本社機能が現場を統制するのではなく、相互信頼と責任で共創されていくことになるでしょう。

どのチームが人手不足か？　人員過剰か？　人員の交替などは、あくまでチームの自発的な意思が反映されていきます。

コマームの保育者には、ほかの仲間が何か悪さをしないかと見張っているような仕組みは必要ないのです。コマームの仲間は尊敬できる人たちばかりです。普段の行動がそれを証明しています。

悪いことをするかもしれない人の行動を規制しようと、職場全体が厳しい制限をかけることより、信頼して任せていくことで、職場ではその見返りとして責任感が広がっていきます。

チームがそれぞれの目標を設定し、誇りをもってそれを達成していきます。コマームの保育者たちは子どものことをよく知り、子どもの幸せを心から望んでいます。コマームは、もともと善良な人々で、信頼でき意欲的で頼りになる知的な人たちの集団です。

ですから、コマームでは尻をたたくような経営システムや、管理統制システムは必要ないでしょう。

価値は現場でつくり出されています。目の前のお子さんの幸せを願って、心を寄せ、創意工夫をして働いているのは現場の保育者たちです。本社事務局は、保育者たちが働きやすくなるような支援業務をしているにすぎないのです。

予想外のことが起こっても物事はいつしか好転し、そうなる時は学び成長する機会を人生が与えてくれたと思えば、打つ手は無限にあるでしょう。

「人生は自分の本当の姿をあきらかにする旅」だから

コマームの理念には「幸せ」という文字を4回も使っています。

幸せになるには、やる気を出す必要があります。やる気を出すには、責任感をもつ必要があります。

責任感をもつには、なぜ働くのか？　誰のために働くのか？　どのように働くか？　などを「自分らしさ」を大切にしながら考えてほしいと思っています。

「人生は自分の本当の姿をあきらかにする旅だ」とも言われています。

この子育て支援・保育の仕事を通して、自分自身の本当の姿を表現し、もっている才能を自分らしく活かせたらいいですね。

そのためにも一緒に働くチームでは、相手の「欠点」ではなく、仲間の「長所」をたくさん見つけていきたいものです。〝こころ　ま～るく　むすぶ〟「思いやり」と「感謝」を優先してほしいのです。

チームが悪戦苦闘するのもチャンスに捉え

ピンチや逆境になっても、それをチャンスと捉えて対処したいものです。失敗はチャンス。苦しみから学べることはたくさんあります。

難しい局面を乗り越えたチームは、高い回復力と力強い連帯感を育むことができます。

コマームでは予想できる問題を防ぐのではなく、問題解決をしようとするチームをサポートしていきます。そのプロセスを見ることで、そのチームがどのように成長したか、内省していくとよいでしょう。

「やりがい創造基地」と称している事務局は、チームが解決策を知っていると思っていても、チームに自分たちで選択させ、考えるヒントになるさまざまな問いを投げかけたりします。そうすることで、コマームの存在目的と理念、アプローチに照らしながら、チームが問題点を正しくとらえ、解決策にたどり着けるように応援することが可能になります。

出発点は、〝こころ　ま〜るく　むすぶ〟スタッフの笑顔あふれるチーム力を引き出すことです。そうすれば徐々に、チームには目の前の問題を解決するのに必要な能力が備わっていきます。子育て支援のアプローチと同じような感じです。

ユーモアがあって思いやりあふれるあったかい会社

明るくて快活で、思いやりであふれているコマームでありたいと思っています。ふざけているのではなく、人の心をちょっと楽しい気持ちにしてくれるようなユーモアがあって、短所ばかりを追及しないで長所を認め合い、磨き合うようなあったかい会社がコマームの目指す姿です。

このあったかい会社は、次世代チーム力が増してきているので、地域の「あったらいいな」に応えて事業がどんどん増えているけれど、なが〜い目で見た時、もしかしたら「なくてもいいなあ」という感性も常にもっていなくては、この時代の変化に追いついていけないと思っています。次世代チームには、時には「陳腐化していることもあるかな～?」という目でそれを見極めてほしいと思っています。

スタッフひとりひとりの潜在能力を引き出しワクワクできる会社

子どもが「あ～今日もいちにち楽しかった～」と感じるように、大人たちも同じような気持ちを仕事で味わえたら最高ですよね。

未来をいろいろと夢に描くことはとても楽しいことです。楽しい夢を仕事を通して実現していけると思うとワクワクします。

好奇心豊かに、学ぶことにももっと積極的になりましょう。そうすると驚くことに、毎日がもっとワクワク、ドキドキします。

そういった気持ちで日々を過ごしていると、新しいことが次々とやってきます。できない、ない、足りないと言うより、できる、ある、見つけだすことを、よろこびたいものです。

スタッフひとりひとりの潜在能力はまだまだたくさん眠っていると感じています。

次世代チームは、「ワクワク」働ける大切な根っこを守る土壌を、もっとしっかり耕していくでしょう。

次世代チームは「あったらいいな」を仕組み化しながら未来に向かって進化

画一的な組織ではなく、進化型の目的の人々が集まる組織でありたいと考えています。その時どきの必要性に応じて、流動的に変化する環境下にあっては、私たちのように進化し続ける組織のあり方が、人や他の組織を惹きつけると感じています。

これまでの組織経営のように合理性が最優先ではありません。人々がどう支え合うかについてゆるぎない信念にもとづいてのこれまでであり、自分だけのため、会社のためにお金を稼ぐことが主な動機付けになったことは決してありません。

しかし今、ふり返ってみると、コマームがつくろうとしている経営モデルは、「トップダウンとボトムアップがいい具合に共鳴し合って『あったらいいな』を仕組み化しながら未来に向かって進化していく組織なのかな？」と感じています。

売上ノルマに縛られている会社に比べると、コマームの経営モデルの方が、ずっと生産的だと思っています。

仕事の目的と自分の価値観が同じベクトルだと、お互いに支え合い共創していけるのです。

次世代チームは、コマームの内側から、存在のあり方やあらたな運営のやり方を生み出し始めています。そのパワーはコマームの内側から外の世界に向けて発信され、子育て環境をよりよくしていくパワーになっていくと感じています。

今こそ私たちが活気づくまたとない時代です。そして、未来についてわかっていることは、次世代チームの成長と共に、確実に今のコマームより進化しているということです。未来をあれこれ予測し、5年ビジョン10年ビジョンをかかげて進化しながら、時には後ろをふり返って、新たなコマームの未来をつくっていけばいいと思っています。

企業基盤の強化で見えた、さらなる進化と可能性

次世代チームが育ちつつある現在は、乳幼児から学童期の保育や医療保育、さらには児童館・子育て支援施設等の運営管理やベビーシッター事業等を展開しています。

多様な働き方で、埼玉県内約50以上の施設や居宅等で年間約50万時間稼働し、年間のべ100万人のお子さんと関わっています。

変化の激しい時代ですが、常に進化し続けたいと考えています。

「命令と統制」で効率を重視したピラミッド型の組織づくりや、多様性と平等と文化を重視するコミュニティ型の組織では時代の変化に対応しきれないと感じています。

これからは進化する生命体のような組織づくりが必要ではないかと考えています。そのためにも、これまで固定費等の経費はできるだけ抑えて人件費比率が80％を越えても、なんとか無借金で事業が継続できる工夫を重ねてきました。

とにかく、現場で働くスタッフの笑顔がなによりです。「人様」に関わる仕事、ましてや命にふれる仕事というものは、サポートする側に心のゆとりと豊かさが必要です。そして、高い専門性はもちろんのこと、人柄の良さが求められるのです。

「言うは易し、行うは難し」まだまだ課題は山積ですが、弊社は生命体のような進化型の組織で、あるべき理想の姿に向かって地道に歩み続けていきます。そして、「こころ　ま～るく　むすぶ　コマームイズム」は、次世代にも引き継いでほしいと願っています。

大先輩のある経営者がおっしゃるには、「起業して社長になったら、まっとうな経営で業績をあげるのは経営者として当たり前でしょ。だから100点満点でせいぜい50点だよ。次の世代を育て事業承継できてやっと100点だからね」と。

約10年間の引継ぎ期間を経て、私は会長に就任する予定です。次世代チームのお陰で弊社の財務体質は今まで以上に強化されています。正社員雇用も増え、より盤石な企業基盤になってきています。

会社としての体力が増せば、スタッフやサービスにも還元することができます。やりたくてもできなかった新しい事業にも、実現の可能性が見えてきました。

株式会社コマーム設立からの履歴

＊2019年4月現在

年	月	できごと
1991年	4月	有限会社コマツ　設立　代表取締役　小松秀一
1995年	3月	(有)コマツに子育てフォーラム事業部を設置し　取締役に小松君恵が就任
	3月	ベビーシッター事業開始
	4月	マーマネットワークに加盟マーマ埼玉南とし、　産前産後ケア事業開始
	10月	グループ保育業務開始
	11月	イベント保育企画運営事業開始
1996年	1月	ライフサポート（家事サービス）事業開始
	2月	子育て支援講座事業開始
	4月	(社)全国ベビーシッター協会正会員として加盟
	5月	子育てフォーラム事業開始
1997年	4月	あかちゃんフォーラム事業開始
	12月	常設型一時保育事業開始 歯科医院内常設ひととき保育室（入江歯科医院）（さいたま市）業務受託
1998年	3月	事業所内保育事業開始
	7月	産婦人科クリニック院内常設ひととき保育室

		（永井クリニック　現・永井マザーズホスピタル）（三郷市）業務受託
	10月	新社屋1階に事務局スペース開設
	11月	病後児保育・チャイルドケアースペシャリスト業務開始
1999年	2月	埼玉県「ひとり親家庭等ホームヘルプ事業」受託
	2月	彩の国ベンチャーフェアー21に出展
	6月	産婦人科病院にて「親子サロン」（蓮田市・富士見市）事業開始（毎週1回）
2000年	3月	子育て支援者のためのカウンセリング講座開催
	4月	川口市子育て支援事業「おやこの遊びひろば」受託
	11月	産婦人科病院内保育室（愛和病院）（川越市）業務受託
2001年	1月	「あかちゃんワールド」に「おやこの遊びひろば」出展・保育受託・イベント企画
	12月	「少子化対応推進地域フォーラムｉｎＴＯＫＹＯ」実行委員
2002年	1月	「人形の東玉チャリティーフェアー」に出展・保育受託・イベント企画
	3月	「子ども・夢・未来フェスティバル２００２」の保育ボランティア協力開始
	5月	鳩ヶ谷市子育て支援事業「おやこの遊びひろば」受託
2003年	4月	有限会社コマームに社名変更　代表取締役　小松君恵が就任
	4月	社長の信条として明示
	4月	さいたまセンター開設　マンション内保育コマームナーサリー大宮東開室
	4月	マーマネットワーク脱退
	6月	訪問介護事業・コマームシニアサービス開始　＊介護保険事業者番号　１１７０２０１８６５
	10月	日本子どもＮＰＯセンター「子どもＮＰＯフォーラム２００３」保育ボランティア協力

	10月	長寿社会文化協会主催　「三世代子育て支援メッセ」協力
2004年	1月	ワイワイ委員会講演会保育ボランティア協力
	4月	産婦人科病院内母子育児相談事業　常設ひととき保育室（愛和病院）（川越市）業務受託
	4月	戸田市母子家庭等日常生活支援事業業務受託
	5月	「子ども環境学会」に出展
	6月	児童居宅障害福祉サービス事業を開始　＊居宅事業所番号　1110200308
	7月	埼玉県男女共同参画課保育士派遣業務受託
	10月	コマーム公開フォーラム「ひろば型子育て支援の可能性を探る」開催
2005年	2月	パソコンスクール内保育ルーム（北千住）業務受託
	3月	埼玉県立小児医療センター病棟保育業務受託
	3月	10周年記念講座　ひろば型子育て支援　「かかわり合いから学びあう受容と共感」開催
	4月	資本金　1300万に増資
	4月	（財）埼玉県芸術文化振興財団　彩の国さいたま芸術劇場・埼玉会館一時保育室運営受託
	4月	個人情報保護規定を策定
	6月	10周年記念演劇　「はじめてのオペラ」上演
	6月	障害者団体から物品購入、社会福祉協議会・障害児団体への寄付を始める
	9月	特定人材派遣事業開始する　＊（特）11-300202
2006年	2月	埼玉県経営革新計画承認「医療保育士派遣事業」　＊第19号
	2月	さいたま市教育委員会主催「保育ボランティアのステップアップ講座」講師派遣
	4月	児童館指定管理業務開始

4月 介護予防訪問介護事業を開始

5月 (財)いきいき埼玉保育士派遣業務受託

10月 川口市移動支援事業所を開始　＊川口市移動支援事業所番号　0100335508

10月 一般労働者派遣事業開始　＊許可番号　般11－300233

2007年

4月 有料職業紹介事業開始　＊許可番号　11－ユ－300150

4月 埼玉県男女共同参画推進センター保育士派遣業務再受託

4月 埼玉県産業労働部就業支援課 埼玉県女性キャリアセンター保育士派遣業務受託

5月 戸田市産前産後支援ヘルパー派遣事業受託

12月 生活協同組合さいたまコープ　事業所内保育提携ルーム(草加市)業務開始

12月 ㈱コマームプロデュース　設立　代表取締役　小松君恵　／取締役　森谷恭子　就任

12月 ゆるきゃら「ここまるごん」誕生し、「こころま～るく／ここまる音頭」制作販売

2008年

1月 ㈱コマームプロデュース保育士国家資格取得講座事業開始

4月 川口市立芝児童センター　指定管理受託

4月 川口市夏季業務保育士派遣業務受託

5月 埼玉県女性キャリアセンター保育士派遣業務受託

8月 事務局スーペース拡大のため、社屋2階に移動

10月 川越市病児保育室「育児サポートアイアイ」保育士派遣

10月 事務局スーペースを3階まで広げ、2階に保育研修専用ルーム開設

11月 埼玉県パパママ応援ショップに参画

2009年

4月 越谷市立病院　病棟保育業務受託

2010年

5月　放課後子ども教室事業を開始
6月　オリジナル管理ソフト「ここまる保育管理システム」企画開発
10月　「今、もう一度、子どもの放課後のあり方を考える」勉強会　事務局業務担当
11月　さいたまコープ　子育てサポーター講座「一時保育研修」「親子遊び教室」講師派遣
1月　個人情報保護規定改定
3月　埼玉県経営革新計画承認「幼児一体型学童保育事業」　＊第744号
4月　事業拡大に伴い組織再編成を図る
4月　コマームひととき保育園上尾オープン
4月　川口市立戸塚児童センター　指定管理受託
4月　埼玉県チャレンジ経営宣言企業登録
6月　（財）いきいき埼玉未就学児一時預かり業務受託
7月　（財）埼玉県芸術文化振興財団　熊谷会館一時保育室運営受託
7月　クレーム対応マニュアルを策定
11月　埼玉県あったか子育て企業賞奨励賞受賞

2011年

1月　保育士国家資格取得　e－ラーニング事業開始
1月　鳩ヶ谷こども館業務受託
2月　赤ちゃんの駅活動に参画
3月　コマームナーサリー大宮東撤退
10月　子ども虐待防止オレンジリボン運動に参画
11月　埼玉県立川口工業高校のインターンシップ受入れ

2012年

11月　経営ビジョンをチーフ・事務局一体となって作成
11月　派遣訪問・子ども施設・経営企画・庶務部門に再編
3月　コマームひととき保育園上尾撤退
4月　戸田市養育支援訪問事業受託
4月　所沢市立みどり児童館指定管理受託
5月　埼玉県多様な働き方実践企業　ゴールド認定
5月　埼玉県ウーマノミクス課 埼玉県女性キャリアセンター保育士派遣業務受託
10月　中学生職場体験学習夢ワーク受入れ
10月　障がい者・若年者インターンシップを積極的に受入れ
11月　経営指針書を明文化
12月　さいたま市　移動支援事業開始　＊さいたま市移動支援事業所番号　1166504959

2013年

3月　子育て応援タクシードライバー養成講座　受託
4月　川口市留守家庭（学童保育）事業受託
4月　所沢市立ひかり児童館　指定管理受託
4月　総務・人事・会計部門を設置する
5月　埼玉県多様な働き方実践企業　プラチナ認定
5月　ママインターンシップ制度を活用
9月　埼玉県経営革新計画承認　「放課後等デイサービス事業」　＊第434号
10月　生活サポート産業成長支援対象企業「スヌーズレンルームを取り込んだ障がい児発達支援事業」
10月　第1回　川口市地域貢献事業者に選定される

12月 戸田市内公立保育者派遣業務受託
12月 厚生労働省より、次世代認定マークくるみん取得
2014年 1月 埼玉県彩の国経営革新モデル企業に指定
2月 埼玉県第9回 さいたま輝き荻野吟子賞 いきいき職場部門を受賞
4月 経営指針書をⅠ理念編・Ⅱ戦略編として明示
4月 所沢市立つばめ児童館 指定管理受託
4月 エコアクション21（CO2削減・省エネ・節電・経費節減）に取り組み始める
4月 ハラスメントマニュアル作成
6月 環境方針を明示
9月 クイーンズランド州にある教育機関CHARLTON BROWNと協定書を結ぶ
10月 戸田市内放課後児童クラブ派遣業務受託
11月 所沢市に営業所開設する
11月 放課後等デイサービス事業開始 コマームチャイルドケア・くすのき台
＊事業所番号 1152500227
11月 ものづくり・商業・サービス革新事業に採決される
「革新的な空間 スヌーズレンルームの開発」
11月 小規模保育事業B型に伴う家庭的保育者基礎研修講座を川口市より受託
12月 事業継続計画BCPを作成
12月 障がい者雇用開始
2015年 3月 埼玉県産業労働部 平成26年度「女性主体の商品開発等支援事業」 努力賞受賞

4月　地域型保育事業コマームナーサリー・川口　小規模型保育事業（川口市）運営受託
4月　地域型保育事業kuritaのんな小規模型事業所内保育事業（越谷市）開設
4月　越谷市居宅訪問型保育事業　認可
4月　東松山市子育て支援センター　ソーレ・マーレ　指定管理受託
4月　所沢市立わかば児童館　指定管理受託
4月　川口市放課後児童クラブだより発行
6月　コマーム創立20周年記念式典・公演会を埼玉芸術劇場にて開催
6月　公益財団法人いきいき埼玉高齢者活躍人材育成事業　保育補助業務講習受託（全5回）
7月　コマーム保育ゼミカフェ開催
9月　遊びプロジェクト発足
9月　SAITAMA Smile Womenフェスタ2015　出展
10月　埼玉労働局　均等・両立推進企業表彰　ファミリーフレンドリー企業部門　埼玉労働局長奨励賞

2016年
2月　川口市男女共同参画フォーラム　参加
2月　厚生労働省　子育てサポート企業認定『プラチナくるみん』
4月　吉川市産前・産後ヘルプサービス事業　取扱い開始
5月　埼玉県経営品質協議会　2015年度埼玉県経営品質賞　埼玉県経営品質協議会推進賞　受賞
8月　『保育を語る夕べ』開催
9月　TSUNAGUプロジェクト2016開催（全4回）
11月　埼玉県『シニア活躍推進宣言企業』認定

2017年
1月　所沢市こども支援センタールピナス　指定管理受託

2018年

2月　埼玉大学産学官連携協議会　入会
2月　公益財団法人日本生産性本部　第2回「女性活躍パワーアップ大賞」奨励賞　受賞
2月　埼玉県経営革新計画承認「病児保育シッター派遣事業の立ち上げ」＊第822号
4月　取締役　角田初枝副社長、小松秀人専務役、朝比奈芳人常務取締役　就任
4月　地域連携を目指す「開発部」設置
4月　埼玉県経営品質協議会　2016年度埼玉県経営品質賞　埼玉県経営品質協議会奨励賞　受賞
6月　一般社団法人　保育教諭養成課程研究会　入会
7月　川口市養育支援訪問事業育児家庭援助受託
7月　『保育実践報告会』開催
8月　埼玉県多様な働き方実践企業　認定区分プラチナ＋（プラス）
11月　企業主導型保育事業中島保育園（株式会社KSP）（さいたま市）業務委託
12月　第7回渋沢栄一ビジネス大賞　ベンチャースピリット部門大賞　受賞
12月　創発型研修会「保育を語る」しゃべりば 開催
4月　入間市児童センター　指定管理受託
4月　2017年度埼玉県経営品質賞奨励賞　受賞
4月　所沢市児童クラブ（中富小・富岡・西富）受託
4月　正社員化拡大
4月　コマーム全社式開始
5月　事業所の健康づくりに取り組む　全国健康保険協会　健康宣言（宣言　第0085号）
5月　「コマーム同好会助成制度」設置

6月 「おやこキャリアスクール」開講（全8回）
9月 埼玉県課題解決型インターンシップ受入れ
10月 企業主導型保育事業 CERNTOS おひさまてらす
（株式会社プレナスフーズ）（杉戸町）業務委託

2019年

3月 埼玉県経営革新計画承認 子育てに携わる人材を育成する「コマーム子育て研究室」の事業化
～次世代への「子育ての知」の継承に向けて～ ＊第1088号
3月 セルフウイングベトナムV-Gardenプロジェクトに協賛
3月 キャリアパスとしての『育成シート』作成
3月 セルフステップアップのための『私の道しるべ』（保育ルーム版）作成
4月 コマーム子育て研究室発足
4月 社内報CoCo・Le発行
4月 第1事業部、第2事業部に編成
4月 さいたま市子育てヘルパー派遣業務受託

小松君恵の公職・講師等履歴

＊2019年4月現在

年	できごと
1998年	サイタマレディース経営者クラブ員、研修委員
	財団法人 川口勤労福祉サービスセンター理事
	（社）全国ベビーシッター協会 広報情報誌委員（埼玉県の少子化対策を取材）
	（社）全国ベビーシッター協会「産後ケアー」プロジェクト委員
	同　「在宅保育に役立つ遊び」プロジェクト委員
	川口商工会議所女性会理事
	社会福祉法人　東萌会「南越谷保育園」　監事
2005年	サイタマ・レディース経営者クラブ広報委員長
	ライオネスクラブ会員
	（社）全国ベビーシッター協会「研修あり方委員会」委員長
	埼玉県子育て支援課「ワーク・ライフ・バランス研究会」委員
	川口市地域福祉行動計画専門部会委員
	21世紀職業財団　「保育サポーター養成研修」講師
	虐待予防のためのコミュニケーションプログラム「育自分」共著
2006年	（財）いきいき埼玉　埼玉県シルバー人材センター・高齢者事業団

2007年

「福祉・家事援助サービス講座」講師
川口市行政審議委員
（有）コマームを（株）コマームに組織変更　引き続き代表取締役
川口商工会議所女性会研修委員会　委員長
（財）生協総合研究所「ひととき保育」講師（東京・宮城・大阪・福岡等）

2008年

埼玉県男女共同参画審議会委員
埼玉労働局　子育てしやすい職場作り推進協力員
サイタマ・レディース経営者クラブ副会長
北浦和ロータリークラブ　会員
中小企業家同友会ファム

2009年

「企業内保育の実践から見えてくる企業の環境づくり・人づくり・地域づくり」講師
盛岡女性センター　保育講座・起業家講座　講師
川口市労政協議会委員
埼玉県勤労者福祉課　子育て応援推進セミナー　講師
日本生活協同組合連合会「事業所内保育の取り組みについて」講師
埼玉県産業教育研究会　産業教育セミナー　講師

2010年

川口短期大学「子育てのニーズをつかむ！」講師
日生協派遣室「一時保育事業」講師

2011年

川口商工会議所女性会親睦委員会　委員長
サイタマ・レディース経営者クラブ　事業委員長

2012年

内閣府男女共同参画「ワークライフバランス」パネラー
内閣府・埼玉中小企業家同友会共催
「女性の視点でビジネスに新風を〜発想を変えて会社を変える〜」パネリスト
NPO法人「わぁくらいふさぽーたー」主催
「本当の望ましい子育てと子育て支援とは何か？」講師
日本労働組合総連合会埼玉県連合会主催「2012年度政策フォーラム」分科会講師
公益社団法人　全国保育サービス協会　理事
川口商工会議所　議員
埼玉県社会保険労務士会大宮支部主催「指定管理者の人材戦略と経営理念」講師

2013年

サイタマ・レディース経営者クラブ　副会長
川口市勤労者福祉サービス協会　理事
川口市商工会議所女性会　会長
一般社団法人 埼玉県商工会議所連合会女性会　会長
埼玉県献血推進協議会　委員
川口商工会議所会員大会顕彰制度審査会　委員
川口市廃棄物対策審議会　委員

2014年

川口市防災会議　委員
埼玉県環境審議会　委員
埼玉県消費生活審議会　委員
埼玉県農林部農業支援課主催「さいたま農村女性アドバイザー研修会」講師

2015年

川口市商工行政審議会　委員
川口市産業振興課産業政策係主催「経営向上セミナー」経営と地域貢献活動　講師
川口市新庁舎建設基本構想・基本計画審議会　委員
川口市防災会議委員
社会福祉法人東萌会　監事
埼玉県警主催「仕事と育児の両立及び子育てにおける親の役割」講師
川口市経済部労政課主催「平成26年度川口市労使講座」
女性が輝く日本！～女性の活躍促進と働き方～　講師
埼玉県産業振興公社主催「生活サポート産業成長支援事業平成26年度成果発表会」講師
埼玉中央企業家同友会「コマーム流雇用の創出～意識と行動変革が生み出す
『多様化』の必要性～」講師

2016年

埼玉地方労働審議会　委員
所沢市子ども・子育て会議　委員
ドラッガー学会10周年記念「人が生きる経営～多様な働き方で仕事も・育児も・介護も～」講師
埼玉県中小企業家同友会　副代表理事
埼玉労働局雇用環境・均等行政推進員
経営力向上セミナー「活き活き働きやすい職場づくり」講師
川口市商工行政審議会委員
埼玉県先端産業創造プロジェクト主催
「ロボット分野に新規参入する思い～保育支援ロボットの開発～」講師

2017年

中小企業家同友会女性経営者全国交流会
「現場から生まれたイノベーション　内なる変化が市場を先取りした！」講師
公益財団法人川口産業振興公社　理事
埼玉県人会総会　講演「多様な組み合わせが未来を創るベンチャーマインド」講師
沖縄県中小企業家同友会女性経営者部会　輝く女性経営者の集い
『あったらいいな』から生まれたイノベーション」講師
行田市主催「女性企業応援シンポジウム」基礎講演
「女性たちの「あったらいいな」に後押しされて!!」講師
平成28年度保育士試験実技試験採点委員
埼玉県産業技術総合センター主催「現場（保育者）から生まれたイノベーション」講師
川口市商工会議所女性会　顧問
サイタマ・レディース経営者クラブ　相談役
埼玉中小企業家同友会　女性経営者クラブ・ファム 委員長
2017顧客価値経営フォーラムin埼玉　講演
彩の国さいたま人づくり広域連合主催　階層別基本研修（県）
副課長研修「現場から生まれたイノベーション」講師
平成29年度保育士試験実技試験採点委員
大正大学 キャリア育成特設講座　2017春期
「地域の「あったらいいな」に応える企業がなくてはならない理由」講師
公益社団法人日本生産性本部ダイバーシティ推進

2018年

「ワーキングウーマン・パワーアップ会議」発表者
関東財務局主催「さいたま活性化サロン」メンバー
千葉県男女共同参画推進連携会議「男性にこそ伝えたい　女性を活かす経営の視点」講師
埼玉県　副課長研修　世の中学「現場（保育者）から生まれたイノベーション」講師
関東経済産業　講演「現場（保育者）から生まれたイノベーション」講師
埼玉県　産業技術総合センター　講演「現場（保育者）から生まれたイノベーション」講師
大宮シティロータリークラブ「人が生きる会社」を目指す経営
「少子化対策 子育て支援の現状」講師
居宅訪問型保育基礎研修「居宅訪問型保育の運営・実践演習Ⅰ　DVD」
埼玉中小企業家同友会　新入社員リフレッシュ研修会「仕事を通じての生きがい喜び再発見」講師
日本生産性本部　ダイバーシティ推進「ワーキングウーマン・パワーアップ会議」講演
「人が生きる会社」を目指す経営　講師
埼玉県　男女が共に活躍するための意識向上プロジェクト　講演
「各職業において、女性が活躍するために」講師
埼玉県朝霞市倫理法人会主催　第3回女性委員会
「女性が活躍しやすい仕組みづくり・組織づくり」講師
埼玉中小企業家同友会　むさし野地区会　実践報告「女性的感性を生かした多彩な経営」講師
東京中小企業家同友会　あきない塾交流会　実践報告
「女性的感性を生かした多彩な経営」講師
埼玉経済同友会　異業種交流会「ビジネスプラン発表会」

～保育から子育て支援へ経営革新～　講師
ＣＥＣ経営塾　講演「女性の働き方改革が次の時代を拓く力になる！」講師
川口市立鳩ヶ谷高校　授業　～なりたい「ジブン」になるために～　講師
埼玉中小企業家同友会西部地区総会「女性の働き方改革が次の時代を拓く力になる！」講師
吉川市「コマームの挑戦～お子さんをまんなかに　人とひとがつながってこころ
　ま～るく　むすぶ　コマーム～」講師
イブニングサロン「保育者の幸せなくしてコマームの発展はあり得ない」講師
さいたま地方裁判所　労働審判員
埼玉中小企業家同友会主催　合同入社式記念講演「地域企業で働き・学び・生きること」講師
埼玉中小企業家同友会　女性経営者クラブ・ファム 副委員長
川口間税会女性部会長
埼玉中小企業家同友会共同求人委員会「専門性のある人材共育への期待」講師
公益社団法人全国保育サービス協会　保育技術（お世話編）講師
埼玉県高齢者福祉課　介護事業所人材確保研修
「働く女性のあったらいいな 企業内保育施設とは」講師
大正大学 キャリア育成特設講座２０１８春期
「地域の『あったらいいな』に応える企業がなくてはならない理由」講師
居宅訪問型保育基礎研修　講師「居宅訪問型保育の運営」講師
ベビーシッター現任研修会「家庭訪問保育者の使命と役割―運営」講師
ＷＯＭＥＮ ＢＩＺ　ＦＥＳＴＡ　２０１８　特別講演　～保育者の笑顔を求めて～　講師

2019年

埼玉県女性企業支援ネットワーク会議委員

平成30年度保育士試験実技試験採点委員

専修大学　特別講演「地域のあったらいいなに応えるために」講師

自由の森学園「地域企業で働き・学び・生きること」あなたの夢を地域企業と一緒に!!　講師

川口商工会議所女性会ビジネスコンテスト審査員

川口商工会議所会員交流大会表彰制度「川口の元気経営大賞」審査委員会審査部会委員

埼玉県私立学校審議会委員

埼玉中小企業家同友会新入社員研修「働いて埼玉　令和時代の若者へ」講師

東京都東京しごとセンター「保育技術（お世話編）」講師

大学生のための県内企業魅力発見事業　跡見学園女子大学
「地域のあったらいいなに応えるために」講師

プロフィール

小松君恵　こまつきみえ

4人の息子を育てながら保育者として公立保育所、障がい児通園施設勤務。退職後、大手出版社で約70か所の子育てサークル立上げ・運営に携わる。1995年に夫の経営する町工場の片隅でベビーシッター、産前産後サポート、一時保育、イベント企画をスタート。

現在では、乳幼児から学童期の保育や医療保育、さらには児童館・子育て支援施設等の運営管理やベビーシッター事業等、多様な子育て支援事業を展開。正社員135名をはじめ約500名以上のスタッフが多様な働き方で、埼玉県内約50以上の施設や居宅等で年間約50万時間稼働し、年間のべ100万人のお子さんと関わっている。

著者のご好意により視覚障害その他の理由で活字のままでこの本を利用できない人のために、営利を目的とする場合を除き「録音図書」「点字図書」「拡大写本」等の制作をすることを認めます。その際は、著作権者、または出版社までご連絡ください。

愛とロマンあふれる
笑顔の保育を求めて

2019年6月7日　第1刷発行

著　者	小松君恵
発行人	高橋利直
協　力	コマームスタッフ　齋藤眞澄
業　務	岡田承子　永田聡子
発行所	株式会社ほんの木 〒101-0047 東京都千代田区内神田1-12-13 第一内神田ビル2階 TEL 03-3291-3011　　FAX 03-3291-3030 E-mail　info@honnoki.co.jp
イラストレーション	田代しんたろう　たしろさなえ
ブックデザイン	平本祐子
校　正	向後真理
印　刷	中央精版印刷株式会社

ほんの木ウエッブサイト　http://www.honnoki.co.jp

ISBN978-4-7752-0118-3　C0030

良い本を広く社会に(Since 1986)

親子が幸せになる　子どもの学び大革命

保坂展人　リヒテルズ直子 著

1200円(税別)

教育は、一人ひとりの子どもに夢と希望を育むもの、ということに改めて気づかせてくれて、読み終わると教育の希望がほの見えてくる。

文様記　歴史と私が織りなす物語

羽生清(京都造形芸術大学客員教授)著

1400円(税別)

『古事記』『源氏物語』『平家物語』の歴史上の人物になりすまして生きてみる、そんな遊びを創造しました。覗いてみてください。

子ども食堂を作ろう　深刻化する子どもの貧困

市民セクター政策機構 編

1000円(税別)

子ども食堂を始めたい、興味がある、手伝いたいと思っている方におすすめのヒント集&全国子ども食堂レポート。

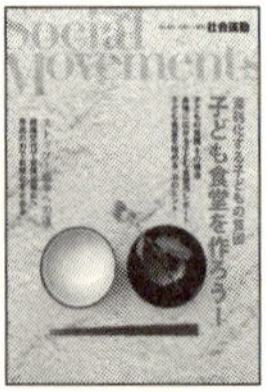

みんな幸せってどんな世界　共存学のすすめ

古沢広祐(國學院大学経済学部教授)著

1400円(税別)

貧困の克服、環境改善、食と農、安心して暮らせる社会の実現…。SDGs(持続可能な開発目標)理解の入門書としてもおすすめ。

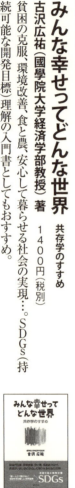

良い本を広く社会に(Since 1986)

88万人のコミュニティデザイン　希望の地図の描き方

保坂展人（世田谷区長）著　1500円(税別)

人権と民主主義に根ざした、参加する区民のまち世田谷区が熱い心で描かれている好著。区長の実践を語るエッセイ。

祖国よ、安心と幸せの国となれ

オランダ型熟成・市民社会を日本復興のビジョンに

リヒテルズ直子（オランダ教育・社会研究家）著　1400円(税別)

オランダの教育、社会を実践的に丸ごと紹介。日本の未来像が描かれた本。幸せな生き方と社会のあり方を示す一冊。

ゆるマナー始めましょ

これからの時代を生きる私たちが知っておきたい簡単マナー

岡田承子・柳田圭恵子（マナー・インストラクター）著　1000円(税別)

マナー・接遇インストラクター2人が、マナーの大切なポイントを、やさしく、楽しく、わかり易く書いた格好の入門書。

上を向いて話そう

桝井論平（TBSラジオ卒）著　1300円(税別)

論平さんが、大切にしてきた言葉使いや話術を、楽しく、わかりやすく紹介。読んでいくと自然に会話力が身につく本。

東京都千代田区内神田1-12-13 第一内神田ビル2階（株）ほんの木
TEL 03-3291-3011　FAX 03-3291-3030　メール info@honnoki.co.jp

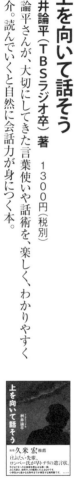